大学生教学管理工作创新研究

夏悦怡◎著

吉林出版集团股份有限公司
全国百佳图书出版单位

图书在版编目（CIP）数据

大学生教学管理工作创新研究/夏悦怡著.－－长春：吉林出版集团股份有限公司，2024.2
 ISBN 978-7-5731-4531-4

Ⅰ.①大… Ⅱ.①夏… Ⅲ.①大学生－教育管理－研究 Ⅳ.①G647

中国国家版本馆CIP数据核字（2024）第013171号

DAXUESHENG JIAOXUE GUANLI GONGZUO CHUANGXIN YANJIU

大学生教学管理工作创新研究

著　　者	夏悦怡
责任编辑	杨亚仙
装帧设计	清　风

出　　版	吉林出版集团股份有限公司
发　　行	吉林出版集团社科图书有限公司
地　　址	吉林省长春市南关区福祉大路5788号　邮编：130118
印　　刷	唐山富达印务有限公司
电　　话	0431-81629711（总编办）
抖音号	吉林出版集团社科图书有限公司37009026326

开　　本	720mm×1000mm　1/16
印　　张	8.75
字　　数	150千
版　　次	2024年2月第1版
印　　次	2024年2月第1次印刷

书　　号	ISBN 978-7-5731-4531-4
定　　价	45.00元

如有印装质量问题，请与市场营销中心联系调换。0431-81629729

前　　言

　　进入21世纪，随着我国社会经济的持续发展和改革进程的不断深化，高等教育的总体环境已经发生了明显的变化。现在，社会对高等教育教学的期待不仅是传授知识，而且是要培养具有创新精神和实践能力的人才。

　　教育教学管理在高校管理体系中占据重要位置，是高校人才培养质量的关键保证。因此，在新的环境下，有必要强化高校教学管理建设，确保教学管理工作在高校教学管理中发挥主导作用。为了实现这一目标，必须深入开展高校教育教学管理的实践与创新发展研究。

　　本书从教育教学管理工作相关理论入手，详细阐释了教学管理工作的特点、原则及现代理念，并对当前高校学生的特点、高校学生管理的改进对策进行了分析。而后系统论述了教学管理制度及机制，并从教学管理现状、自由理念和服务理念三个方面对信息化教学管理进行了分析；从坚持创新理念、把握职能定位、构建权力结构、健全机构设置、保障运动机制等五个角度概括总结了我国高校教育管理创新的理论；从高校教育教学方法、思想及策略等方面，对高校教育教学创新实践与发展进行了研究探析。

夏悦怡
2023年10月

目　　录

第一章　教学管理工作的概述 ················· 001
　　第一节　教学管理的概念及特点 ················ 001
　　第二节　教学管理的原则 ··················· 005
　　第三节　教学管理的现代理念 ················· 009

第二章　高校学生管理 ····················· 015
　　第一节　当前高校学生的特点 ················· 015
　　第二节　高校学生管理的改进对策 ··············· 017

第三章　高校学生教学管理制度及机制 ············· 022
　　第一节　教学管理制度及机制概述 ··············· 022
　　第二节　教学管理机制的分析 ················· 026
　　第三节　高校学生教学管理机制的设计 ············· 038

第四章　教学信息化管理 ··················· 042
　　第一节　教学资源管理信息化现状 ··············· 042
　　第二节　教学管理与高校教学管理 ··············· 046
　　第三节　教学管理自由理念的体现 ··············· 058
　　第四节　教学管理服务理念的体现 ··············· 064

第五章　高校学生教学管理 ·················· 068
　　第一节　教学管理认知及管理策略 ··············· 068
　　第二节　教学管理模式构建与改革 ··············· 078
　　第三节　高校学生管理的模式创新 ··············· 084

第六章　教育教学管理创新理念……091
　　第一节　坚持创新理念……091
　　第二节　把握职能定位……095
　　第三节　构建权力结构……098
　　第四节　健全机构设置……102
　　第五节　保障运行机制……103

第七章　教育教学创新实践与发展……109
　　第一节　教育教学方法创新……109
　　第二节　教育教学方法创新评价……112
　　第三节　教育教学创新思路……115
　　第四节　教育教学创新策略……126

参考文献……132

第一章 教学管理工作的概述

第一节 教学管理的概念及特点

一、教育管理的基础

（一）教学管理的组织系统

教学管理的组织系统，又称教学管理的组织与方法体系，是一个为了共同目标而由教学管理群体构成能够实现自我调节、自我发展的社会系统。通过此系统，能够解决"谁负责管理？如何管理？"等难题。管理体制与组织结构的改善，对于教学管理组织功能的发挥至关重要。教学管理系统是个体与团体结构性关系的组织，是一个随着时代环境变化不断调整，并且适应这些变化的组织。高校教学管理机构的构建，其目的就是要建立一套科学的、健全的教学管理制度，为教学、为师生服务。为了实现这一目的，需要充分发挥过程管理和目标管理的纵向系列与横向系列的作用。其中，纵向系列包括院校、二级院校（部）等，在教学管理中起着重要作用；横向系列则是针对教学、科研、学生管理、人事和后勤保障等部门的目标管理。这两个系列需要时刻处于平衡且一致的工作状态，才能实现"人才培养"的教育目标。

为了实现高效、灵活且富有创造力的教学管理，需要构建一个组织系统。这个系统应具备高效能的特性，能够灵活应对各种教学管理需求；还需要建立一支高素质、相对稳定的教师队伍，主要由专职教师或者是兼职教师组成。在组织结构方面，要明确分工，各部门各司其职。

（二）教学管理的本质

教学管理在高校系统中具有多层次、多因素的特点，其核心就是为了合理地安排管理系统。为了能够合理地利用教育资源，将其配置最大化，并获得最佳的教学效益，需要对财力、人力、物力等资源进行合理的整合与运用。这需要深入研究和理解教学管理的本质以及如何有效地利用各种资源来提高教学效率和质量。

（三）教学管理的基本任务和职能

教学管理的基本任务是依照教育教学的基本规则，合理地规划教学活动，包括培养、改革、建设和管理的各个方面。通过现代化的科学管理手段，在动态运行中不断地实现教学目标，还需要充分发挥管理的协调性，充分调动各方面的积极性，从而保证每一阶段的教学任务都能实现。

教学管理的职能可归纳为决策、规划、组织、指导、控制、协调、评估、激励、研究、创新，它们之间相互交叉、互相联系，是一个有机的整体。

二、教学管理的特点

教学管理在高校各项管理工作中的重要地位及教学活动的特殊性，决定了教学管理具有能动性、动态性、协同性、教育性和服务性等特点。

（一）教学管理的能动性

教学管理的能动性体现在人的自主性上。教学管理的主要参与者是教师和学生。衡量教学管理效果的关键在于能否充分激发教师教学和学生学习的积极性。在教学管理过程中，教师和学生兼具两种角色：当教师负责组织并指导学生的学习活动时，教师扮演管理者角色，发挥管理功能；而在执行高校教育教学活动时，教师成为管理对象，履行相应的职责。学生既是学校和教师的管理对象，又是终身学习活动的自我管理者。教师与学生，无论作为管理者还是管理对象，都具有主观能动性，二者相互影响、共同进步。

（二）教学管理的动态性

教学管理涉及的每个环节都处于动态发展的环境中，如培养方案的制订要随着社会经济的发展更新、完善，教学运行的管理要随着学校教学条件的变化进行合理调整，教学质量的评价体系要随着建设内容的变化不断地进行更新等。在不断变化中总结和提高，使教学管理水平和质量不断发展。

（三）教学管理的协同性

教学管理的主要任务是协调好学生的个体活动和学校、教师组织的集体活动，充分发挥教师、学生的个性，有益于个人和集体的协同发展。

(四)教学管理的教育性

教学管理人员通过合理制订管理制度,有效实施管理过程,帮助学生实行自我教育、自我管理、自我服务的"三自"管理,达到育人的最终目的。

(五)教学管理的服务性

高校的中心工作是育人,教学管理要围绕教师"教"与学生"学"做好服务工作。增强服务意识是对教学管理人员最根本的要求。

三、教学管理的重点

(一)注重提高教学管理人员的职业道德和业务能力

学校应充分认识到教学管理人员对学校发展所起的重要作用,注重提高教学管理人员的政治思想素质,树立高尚的事业心、责任心及奉献精神。首先,教学管理人员处于承上启下的关键位置,既要贯彻执行上级部门的文件精神与工作部署,又要组织、协调学校教学管理工作,同时还要直接面对一线教师,处于与学生沟通交流的前沿,这样的工作定位与工作职责要求教学管理人员要具有职业道德与高度的责任感。教学管理工作涉及面广、内容多,事无巨细,看似小事,实质关系重大。比如,传达上级文件精神、组织安排学校教学工作计划、教师考试工作安排、学生学籍档案管理等,年年重复,天天面对,很容易引起认识上的麻痹。看起来都是小事情,但每件小事的管理出现差错就会直接导致院(部)甚至全校教学秩序的混乱,教学工作无法正常运转,影响极大;其次,教学管理人员应具有团结协作精神。高校教学管理工作的特点之一是层次管理,既有一定的独立性,又相互协作与配合。只有具有良好的团队协作精神,才能全方位地处理好分工负责的工作,为师生创造良好的工作环境,解决工作中遇到的问题;最后,教学管理人员应具备较强的业务能力。教学管理人员的业务能力是其独立从事教学管理工作,解决实际问题,顺利完成任务的根本条件。学校应提高教学管理人员的业务能力,使其熟练掌握教育学、心理学等知识,掌握教学管理的基本理论和专门知识,准确评估教学发展趋势,协调各部门、各因素间的相互关系,促进各类信息的精确流通,不断创新管理方法,提高管理素质和水平。结合工作实际,开展教育科学研究与实验,适应管理科学化、现代化的要求。

（二）正确处理教学管理与教学质量之间的关系

学校教学管理是对教育教学活动的全面调控和指导，依据既定目标和对教学原则的遵循，对教学过程进行调整和控制。教学管理的每个环节都对教学效果产生直接影响。教学管理涵盖诸多方面，从教学质量评估体系来看，包含课程设置、教学计划制订、教学任务分配、教学过程监控、信息收集、数据统计分析、质量评估等内容。同时，根据回馈信息和评估结果，持续更新和调整教学计划。每个工作细节都包含多个方面，如教学过程监控旨在考察教学手段是否先进，教学内容是否新颖，理论实践结合程度如何，课堂吸引力强弱，学生作业、实验、实习完成情况、考试成绩评定等内容。教学管理应始终以提高教学质量为核心，高校应改革并完善教学管理体系，创新并建立适应人才培养和素质提升的新型教学管理制度。

（三）正确处理教学管理人员与教师教学任务之间的关系

教学管理人员和教师一起肩负着教育的责任，其中，教学管理人员的主要职责是高效地整合和运用教育资源；而教师的主要职责则是传授知识、激发思维。"管理培养"和"教导培养"是相互补充的，它们并非是管理者与被管理者、监督者与被监督者的关系，而是彼此影响、互动的关系。这两个元素紧密相连、无法割裂，代表着同一个目标的两个不同的维度，这种差异主要表现在以下几个方面：

第一，教学管理人员在教育过程中起着重要作用，他们是连接教师和学生之间的桥梁，能够有效地协调和解决两者之间的矛盾和问题，为教学活动的顺利进行创造良好的环境。

第二，教学管理人员应对教师的教学质量进行整理和分析，反馈教学情况，并进行科学评定。这一过程包括对教师在教学过程中的学术水平、教学水平和敬业精神的检查和考核以及对教师是否完成教学任务制订的各项指标和计划的总结和评估。这样做可以推动教师根据社会发展和市场需求，提高教学质量，培养出满足社会需求的高质量人才。

第三，教学管理人员应和教师共同参与学校的各项建设，包括专业建设、课程建设、教材建设和实验室建设。他们需要通过调查、研究和分析教学情况，提出改革和改进教学工作的方案和计划。

第四，为了能够让教师更好地投入教学，教学管理人员还需要提供必要的教学支持，创造优质的教学环境。

总的来说，教学管理人员的工作涵盖了教学的方方面面，他们的努力对于提高教学质量和培养出优秀的学生起着重要作用。

（四）注重教学管理与教学研究之间的关系

教学管理是一种长期建设与积累的过程，高校做好日常的教学管理工作，保证教学工作的正常进行，这些只是初步的工作，只能说明高校拥有较好的工作基础和教学环境。为了提高人才培养质量，提升教学管理水平，必须开展教育教学研究。实践证明，重视教育教学研究工作的高校，在教学工作方面有着明确的指导思想，教学目标也合理、妥当，能够审时度势，从国家与高校的实际情况出发，明确新思想，采用新的管理制度与管理措施，教学与管理工作处在高效且高质量的状态中。因此，注重教育教学研究是教学管理提高水平、质量和效益的关键所在。

第二节　教学管理的原则

一、高效性原则

高效性原则是教育管理应遵从的第一原则，同时它也是教育管理本质的重要体现。高效性原则要求通过完备的教育设施和完善的教育资源，培养更多既为社会作出突出贡献，又能适应社会发展要求的高技术人才，也能培养更多创造高水平研究成果的高级专门人才。

高效性原则不仅能够提高教学质量，而且能够提高教学工作的管理效率。任何组织活动与社会机构想要提高其工作效率，都离不开高效性原则，它同时也揭露了教学管理所要追求的办学效益目标。

在人才培养的过程中，有效利用各种教育资源并避免浪费，是提升教学效果的关键所在。然而，在评估教学效果时，应当考虑到教学的组织特性，如总体目标模糊性和利益关联机制松散性等。在分析教学效果时，有两个要点需要注意：一是教学在一定周期内所投入的成本和实际获得的经济收益难以精确衡量；二是教学的社会效益无法用数字量化。通常，可以计算的只是某些资源的利用情况，如人员、经费、设备、时间和图书资料等的使用效率。

有学者提出了测量教学管理效率的五个方面，可供参考。

（1）用人效益。人力资源利用效益能够衡量员工潜力的大小，这主要是通过评估当前的人力资源、正在使用的人力资源、真正有效的人力资源进行的，并计算出其中的有效人数和实际人数的比例。

（2）经济效益。所谓的经济收益，是指投资真正的财务价值，包括投入和产出、有用和非有用的消耗、有效和非有效的结果。

（3）时间效益。时间收益是指对时间的高效使用以及规定的工作时长和真正被有效使用的工作时长的比例。

（4）办事效率（工作效率）。管理部门在执行公共任务时的真实表现，包括已完成的和尚未完成的、妥善处理的和错误处理的以及在没有完成的任务中，由于客观原因产生的数量和由于个人原因产生的数量之间的比例。

（5）整体综合效益。教学管理的社会效益包括社会的认可度和满足度等，都是整体综合效益的体现。

二、整体性原则

教育系统的完整性决定着教学管理的整体性原则。管理目的是既定目标的完整，而管理活动的开展是为了实现这一目标去努力的过程。目标是管理活动的方向，同时也是激励管理者不断前进的动力，很大程度上更是管理者奋进的源泉。尤其是组织目标充分体现个人利益，并与每个人的目标保持一致时，很大程度上激发了个体的热情与奉献精神，使组织内的每个成员与组织目标紧密相连。在教学管理过程中所涉及的各个环节，其重心都是以人才培养目标而进行的，这个目标是教学管理的基点，同时也是教学管理各个环节紧密连接，形成一个完整的整体，而教学就是以这个整体为基础而开展的。在实际管理工作过程中，会遇到局部矛盾或者是全局矛盾，局部矛盾虽然能够获得一定的效益，但是如果局部的效益使整体受到一定的损失，就需要局部服从整体意见与观点。基于整体性原则的管理目标，只有更为具体化，贯穿于整个管理过程，成为管理宗旨，才能充分发挥它的作用，并产生良好的效果。目标管理强调目标的整体性，以目标指引行动方向，将效果视作管理活动的重点，把组织的目的转化为组织目标，并将组织目标与个人目标、部门目标等有机结合，融为一体，成为一个既具体又比较可行的目标体系。

在教育系统中，没有任何一个人或者是组织在不依靠他人或者是组织的情况下就能满足自身需要。没有合作的行为，既不能体现管理的整体性，也从根本上无法完成管理目标，同时意味着失去了管理本身，更失去了管理的根本意义。在教育系统中，由于分工的不同，工作目标各不相同，这是社会发展的必然现象，更是组织各项活动有序开展的重要体现，基于教育总目标，使之相互依赖、相互配合。

贯彻教学管理的整体性原则需要综合和谐、团结、协作等三个重要因素，而在教学实际管理过程中，存在不同程度、不同形式的冲突，这些冲突很大程度上影响着教学管理的整体性原则，将这些不同程度的冲突降到最低，也是维护教学管理整体性原则的重要手段。

三、民主性原则

实现民主是办好学校的重要前提，更是提升教育教学质量的基础。发扬民主有助于激发师生的创造性，调动师生的积极性，尤其是学校在进行一些重大决策时，更需要发扬民主，充分尊重师生的想法。民主性原则不仅要求公平公正，而且要求做到正大光明，不允许任何组织或者是个人徇私舞弊。民主性原则更要求在教学管理过程中做到以下四点：

1. 制订决策的民主化

在教学管理过程中，任何重要决策工作都要充分体现民主精神，具体来说，就是被管理者参与重要决策的全过程，充分尊重每个个体意见，集思广益，使决策更贴合实际，具有一定的科学性与合理性。但需要注意的是，个人参与到决策中，势必需要花费一定的时间与精力。

2. 执行决策的民主化

决策方案确立后，下一步需要执行决策，在此过程中，管理者需要时刻关注执行进度及情况，并以此为基础，不断改进决策执行方案。无论决策执行方案的适度调整还是决策执行方案的改进，都需要民主参与，从而确保执行决策的顺利实施。

3. 检查决策执行情况的民主化

在执行决策过程中，管理者要随时进行检查。在检查过程中，管理者需要依据执行情况及决策目标，结合自身的管理经验，进行客观判断和真实评定。

4. 评定决策执行结果的民主化

决策执行结果评定是整个决策过程的关键，不仅关乎着下一个决策的执行与制订，而且关乎着决策制订者与决策执行者工作的客观评价，这需要秉承民主原则，提高教学管理工作的工作效益，激发决策者与执行者的工作积极性。

四、动态性原则

教育作为社会中一个不可替代的重要系统，与外部环境密不可分，在相互作用中发展。在教育系统中，管理活动、管理对象、管理环境、管理者这四个重要因素，是教育系统的重要组成部分，四者相互依赖、相互生存、相互作用，在本质上有着必然的联系。而教学管理活动中的所有参与人员一直处于动态之中，既是因为教学活动需要遵循一般的教学管理原理，也是因为需要根据教学管理目标进行教学活动，才能确保管理的稳定运行。而在这个过程中，无论是教育管理者的方式方法还是教育管理对象的手段，都是一直处于变化中，也同时处于动态中，使得教学管理原则具有一定的灵活性。

随着社会经济的发展，各种工作都在随着社会的发展与变化，不断创新与改进，教育领域也是如此。动态性原则要求教学管理顺应时代的发展，适应社会变化而不断创新与改进，进行科学且合理的调整。基于管理学中的一些基本理论以及管理组织的一些基本原则，提供了一条有效的管理路径，主要基于以下两个基本观点：第一，没有任何一种通用的管理方法适用于学校组织管理，需要根据学校的实际情况及教育目标而确立管理方式；第二，并不是所有的管理方法都是有效的，需要依据组织结构及教育资源配置而言。

第三节 教学管理的现代理念

一、现代教学理念的内涵

所谓的教学理念，就是一种关于教学方法的观念，是有关教学一般原理和规律的一种理想的观念。教学理念是对未来教育的"远见卓识"。当然，它必然是以前人的教育思想为基础，以未来社会对人才的需要为前提的。科学的教学理念可以正确地反映教育的本质特点和时代特征，为教育的发展指明方向。基于此，现代教学理念作为社会文化的典型代表，除了为我们提供了教学的理想模式之外，还始终保持着对社会各方面发展的前瞻性。

二、高校教学管理的十大现代理念

经过长时间的深度探索，现代教育理念被赋予了丰富的思维含义。从理论角度看，现代教育理念让教学内容更全面、更精准。当代的教育理念展示了其公正、可靠的科学属性，并且融入了探索、创新、批评和冒险的思维元素。在执行方式上，当代的教育观念显得越发完善，同时也展示了其包罗万象、易于执行和持久的属性，给高校教学带来巨大的正面影响。

（一）以人为本理念

在科技高速发展的今天，已经从重视科技发展的时代步入以人为中心的时代。在这个时代，以人为本的教育理念不仅符合时代特征，而且是教育发展的必然要求。因为人既是教育的起点，又是教育的终点。教育是一项旨在培育和塑造人才以满足社会需求的崇高职责，应当全方位展现人本主义的思想。因此，现代教育应当重视人的价值，在整个教育教学过程中，全面实施尊重人、重视人、提升和发展人的理念。同时，教育也应关注挖掘人的潜能，发挥人的主观能动性，满足人的未来发展和现实需求，更应关注人的自我价值实现和个人发展。教育还应努力培养人的自尊、自爱意识，增强人的自立、自强精神。现代教育坚持以人为本，人们的精神生活和质量得以不断提升，生存和发展能力也得到增强，从而实现人的全面发展。因此，现代教育不仅成为增强民族凝聚力的重要手段，而且成为提升国家实力的基础，逐渐融入时代发展潮流，深受人们的喜爱。

（二）全面发展理念

现代教育的目标在于推动个体的自由与全方位成长。所以，现代教育高度关注个体成长的全方位与完备。从大局层次看，现代教育是针对所有国民的，强调个体综合成长的全民教育。其核心宗旨在于全方位提升全民的思维品质，积极推动全民的科学文化素养，增强全民的知识创新和技术创新能力，提升我国的综合国力；从细节角度看，现代教育是针对所有学生的教育。这个目标是让所有学生都能在已有的基础上取得进步，都能满足社会设定的合格条件，从而培养出符合社会需求的优秀人才。其核心目标是推动所有学生在道德、知识、身体和审美等各领域的综合成长，并培养出具备全面素质的优秀人才。这就要求人们转变教育观念，采取促进学生德、智、体、美、劳全面发展的育人方针政策。当然，全面发展并不是平均发展，它会给予每个学生平等的个性发展机会和自由选择机会。

（三）素质教育理念

现代教育重视的是在教育过程中转化知识，即将知识转化为能力。

教育的目标既包括知识的传授，也包括发展学生的实践技能和全面素质。现代教育理念强调知识、技能和素质的有机结合，以实现学生全面素质的提高。

现代教育理念认为，与知识相比，技能和素质对学生的发展更关键、更持久和更稳定。因此，现代教育将提高学生的全面素质视为教育教学工作的核心，将帮助学生学会学习和提高个人素质作为基本教育目标。通过这样的教育理念，现代教育旨在全面挖掘学生的潜在能力，实现知识、技能和素质的共同发展，从而提升学生的整体发展水平。这样的教育方法有助于学生更好地适应社会需求，为未来的职业生涯做好充分准备。

（四）创造性理念

实现将知识性教育转变为创造力教育是传统教育转向现代教育的重要标志之一。因为在以知识为基础、以脑力劳动为主体的知识经济的概念下，人的创造性作用体现得更为明显，人的创造力潜能也成为最具价值的重要资源。现代教育充分强调教育教学过程应该是一个极具创造力的过程,要以培养学生的创造力为基本目标,积极挖掘学生的创造力潜能。在营造教育教学环境时,现代教育主张运用创造性的教育教学手段,同时还要结合优美的教育教学艺术;在培养人才时,要培养学生的创造力,将学生培养为创造型人才。现代教育认为,创新精神和创业精神二者相结合形成的生态链才是完整的创造力教育的构成要素。因此,加强创新教育和创业教育并且促进两者相互融合,培养出创新、创业型人才也成为现代教育的基本目标。

(五)主体性理念

实际上,现代教育是一种以人为中心的教育方式。这是因为现代教育对人的主观价值有着深度的认可,积极挖掘人的主观能动性,有效地激发了教育参与者的积极性,并使其在一定程度上得到提高,同时也增强人的主体意识,提升人的主体能力,使人自主地进行自我教育活动。对所有学生的关注与尊重构成了主体性思想的精髓。这种思想倡导教育者始终围绕"教"的目标进行教育,尽可能挖掘出学生的内在能量与学习热情,使他们成为积极的参与者,而非仅仅作为被动的接收者。真正的教育过程应是学生自觉自主的学习过程和自我构建的过程。主体性教育理念呼吁我们转向以学生、活动、实践为核心的现代教育模式。这种充满活力和生命力的新型教育模式,强调快乐学习、自主探索、实践成功和探索式学习理念。这种教育模式能够点燃学生的学习热情,充分发挥和培养学生的兴趣爱好,帮助学生养成良好的学习和生活习惯。在这种模式下,学生的学习能力将持续提高,进一步激发他们积极投身学习和发展过程。现代教育模式注重学生的个性化发展,通过多样化的教学方法和策略,引导学生主动探求知识,培养独立思考和创新能力。这样的教育方法有助于全面提升学生的综合素质,使他们能够在不断变化的社会环境中脱颖而出,实现自我价值。

(六)个性化理念

在知识经济的新纪元,亟须大量富有个性和创新精神的人才来推动社会进步。因此,个性化教育理念应时而生,强调尊重个性、正视个体差异,并鼓励学生展现独特的个性。现代教育致力于为学生创造有利于个性发展的环境,采用多元化的教育方法和评价标准,满足不同学生的个性化需求。在教育实践中,现代教育注重学生身心素质的发展,特别是人格素质的培养。为此,教育过程中的每个环节都应贯彻培养和完善个性的理念。首先，在教育环境中，应营造个性化的氛围，为学生提供展现个性的平台；其次，在教育观念上，应倡导精神宽容、地位平等和师生互动，尊重每个学生的个性差异，为每个学生提供平等的发展机会和条件，激发他们的个性潜能；最后，在教育方法上，应注重因材施教，根据学生的个性特点采取相应的教育措施，实现从共性化教育向个性化教育的转变，为学生提供充足的成长空间。

（七）开放性理念

现如今，科学技术高速发展、日新月异，给人们的生活带来了便利，也让世界逐渐成为一个联系更加密切的有机整体。这种全方位、开放式的新型教育从教育资源、教育内容、教育目标、教育观念、教育方式、教育过程和教育评价等方面逐渐取代了传统教育。

1. *教育资源的开放性*

教育资源充分开发、利用一切可以利用的教育资源，服务于教育活动，激活教育实践。这些教育资源可以是现实的、物质的、传统的、民族的，也可以是虚拟的、精神的、现代的、世界的。

2. *教育内容的开放性*

高校教育所设置的教育教学环节和课程内容要面向未来、面向世界、面向现代化，要使教学内容变得新颖、开放、生动，更具有包容性。

3. *教育目标的开放性*

教育需要持续挖掘和培养学生的内在精神，挖掘他们的创新才华，增强他们的个人成长才能，扩大他们的成长领域。

4. *教育观念的开放性*

教育在民族中应当广泛吸纳全球各地的优秀教育观念、理论和方式。

5. *教育方式的开放性*

教育走的道路应该是国际化的道路、产业化的道路和社会化的道路。

6. *教育过程的开放性*

将教育的范围从学历教育扩大到全面的教育；将课堂教育扩大到实践教育，进一步扩大到信息网络化的教育；将学校教育扩大到社区教育，进一步扩大到社会教育。

7. 教育评价的开放性

革新传统的单一文字测验方法，构筑出包含各种因素的全面教学评估框架，以增强教学评估的灵活性。

（八）多样化理念

在一个多元化的时代，社会结构的复杂性和价值观念的多样性使得教育发展呈现出丰富多样的特点。首先，教育需求多样化。随着经济社会的快速发展，对人才的需求也变得多样化；其次，办学主体、教育目标和管理体制等方面也呈现出多样化趋势；最后，教育的形式和手段变得灵活多样，衡量教育质量和人才质量的标准也逐渐弹性化和多元化。这些现象表明，在管理和组织教育教学过程时，相关部门和教育机构面临更多挑战。多样化理念要求这些机构根据不同的办学层次、类型和管理机制，灵活设计和实施教育教学活动。这种理念倡导弹性教学和管理模式，因为它更符合教育教学实践。为了推动教育事业的繁荣发展，现代教育理念主张建立多元化的社会政策法规体系，营造宽松的舆论氛围。

（九）生态和谐理念

现代教育理念倡导把教学行为视为一个完整的生态系统。从教育活动的内部条件来说，这个整体的和谐性体现为教师与学生的和谐相处、课堂与实践的有机统一、教育内容与方法协调一致等；从教育活动的外部条件来说，这个整体的和谐性体现为教育活动与整个育人环境的协调统一、教育活动与文化氛围的亲和融洽等。现代教育要求教育者在教育的每个环节都要营造融洽、和谐的氛围，以形成完整统一的教育生态链。为了让人才健康发展，需要在各个方面达到和谐共生，以实现生态和谐的教育目标。因此，现代教育主张的是和谐教育，致力于创建一个有机的生态教育环境，全面努力实现教学、管理、环境等方面的教育，为人才的健康发展提供最优的生态环境。

（十）系统性理念

在知识经济和学习化社会的大背景下，现代教育已经步入终身教育的时代。教育对每个人来说都是一生中至关重要的事情。对国家而言，教育更是关于国家命运和发展的关键因素。教育的影响不仅限于学校，而且是整个社会进步与发展的关键环节。它的目标不仅在于提升个人素质，而且在于提升国民的整体素质。教育不仅是满足个人精神文明需求的途径，而且是国家精神文明建设和两个文明协调发展的战略性事业。

　　教育是一项复杂的社会系统工程，包含多方面的要素，涉及众多的部门和行业。因此，要做好教育，需要整个社会的共同努力和参与。我国正在构建的社会大教育体系，与传统的教育模式有显著不同。它将以系统工程的理念为指导，进行统一规划和设计，实现一体化运作。这个体系的目标是培养学生的自主学习能力，提高他们的生存发展能力。它倡导在社会系统内部各部门和各环节协调运作的基础上，构建健全的教育社会化网络，将此作为构建教育环境工作的中心，进一步推动大教育系统工程的良性运转。

第二章 高校学生管理

第一节 当前高校学生的特点

一、高校学生的特点分析

在高等教育教学体系中,学生管理的重要性不言而喻。随着我国社会和高等教育的不断改革,高校学生的学习和生活环境发生了显著变化,给学生管理工作带来了新的挑战。高校学生作为一个特殊的群体,他们的独特性决定了学生管理工作的特殊性。因此,在学生管理工作中,必须针对高校学生的特点,采取适当的管理策略和方法,以更好地服务于他们的学习和生活,推动他们的全面发展。

(一)思想认识多元化

改革开放以来,尤其是在社会转型的关键阶段,高校学生群体在社会中的重要性愈发显著。首先,他们的思想具有广泛的社会性,受到社会大环境的影响,紧跟时代发展的步伐。社会上发生的一切重大事件及它们对青年人的影响都会在高校学生身上得到体现;其次,高校学生的认知具有显著的多变性。他们富于创造力和主动性,因此,在接受思想教育时,往往从自身的角度出发,这也充分展示了他们独特的自我认知;最后,高校学生的身心具有极大的可塑性。他们正处于身心逐渐成熟的阶段,尤其在心理和思想方面,具有很高的可塑性。在时代变迁和社会转型的大背景下,有理想、有追求成为当代高校学生的鲜明特征。通过大量的问卷调查和座谈会记录分析,我们可以看到,当代高校学生整体上呈现积极向上的趋势。他们热爱人民,具备高尚的道德品质和全面的综合素质,同时,还拥有强烈的使命感和责任感。他们的思想状况可以概括为以下几点:

第一,爱国热情高涨,理想信念坚定。根据最新的研究结果,当前高校学生群体的心理状况展现出乐观、健康和进取的特征，这种情况是非常有利的。高校学生表达出对祖国的热爱，他们有能力以理智的态度去审视我国在变革与进步的道路上所遭遇的机会与困难。

第二，健康乐观地看待人生，脚踏实地地实现自我。通过对高校学生进行调研，发现高校学生已经逐渐形成了健康向上、务实向上的主流思想，更多地关注自身的价值，追求个人价值与为社会奉献相结合。

第三，务实进取，有着强烈的社会责任感与历史使命感。多数学生希望通过自身学识、才华，为国家振兴与社会发展贡献自己的力量。在处理国家、集体、个人三者的利益关系时，通常会将国家与集体的利益放在第一位，在关键时期，个人的利益服务于国家与集体的利益。

（二）生活学习方式多样化

学生从高中升入高校后，就进入人生一个新的起点，不管是在学习上还是在生活上，都会与原来有很大的不同。

1. 生活方式多样化

生活方式是指人们在衣食住行、兴趣爱好、文化活动等方面所表现出来的行为方式和习惯。根据调查，每个高校学生的生活方式都有所不同。有的学生花了很多时间来读书，有的学生在课余时间兼职赚钱，有的学生爱好体育，有的学生喜欢和同学一起旅行。

2. 学习方式多样化

步入高校之后，高校学生一般都有一种知识的大海广阔无边的感觉，并且各种活动逐渐增多，为个人发展提供更多的机会。在学习过程中，学生面临着课本与课外的知识以及专业知识和能力发展等诸多方面的关系，多数学生不知道运用什么方式来处理这些关系，因此会感到困扰与矛盾。高校学生在听课方式中，除了课堂教学之外，还可以通过自学、学术交流、多媒体教学和社会实践等多种形式进行学习。这些学习方式在小学或者中学就已经存在了，但是在高校中，多数学生更容易接受这些方式。但是，并非每个学生都能很好地运用不同的学习方式。所以，多元化的学习方法是高校学生必备的技能。

在当下的时代背景下，高校学生获取知识和信息的渠道繁多，学分制的实行和素质教育理念的提出，使得高校学生有了更大的自主权去选择专业、课程，设定自身的发展目标。随着高校校园住宿化和后勤服务社会化的逐步推进，以班级为单位的学生组织形式可能会逐渐减少，而因为住宿、生活和学习原因而集结的高校学生群体却在日益壮大，这是高校学生学习模式和组织形式多元化的表现。

此外，网络的便捷性和丰富性在为高校学生带来无尽知识和信息的同时，也带来了不容忽视的问题。虽然有些学生利用网络进行学习，但是也有部分学生深陷网络，参与与学习无关的活动。当前，网络管理尚待完善，网络内容繁杂，甚至有些不良信息混杂其中，这些都在不同程度上干扰高校学生的学习和生活。因此，教师应引导学生正确使用网络资源，充分发挥网络在学习和生活中的积极作用。

第二节　高校学生管理的改进对策

一、明确管理目标，树立科学的管理理念

（一）明确管理目标

从理论角度来看，应该培育出杰出的人才。杰出的人才是指那些对社会进步有所帮助，并且能为社会做出贡献的人。因此，我们需要考虑到教育的目标，并以此为基础进行教育管理。

（二）树立科学的管理理念

当前，随着社会经济的高速发展，科学技术的日新月异，培养高素质、高质量人才是高等教育最重要的任务，立足于培养解决社会经济实际问题的人才。这就要求高校学生不仅应具备一定的创新精神与创新能力，而且应具备一定的创业精神，成为既能够在市场经济环境下生存，又能够在国际舞台绽放自我的终身学习型社会人才。培养这样的人才，则要求高校树立科学的管理理念。

随着高等教育改革的不断深入，要求学校任何管理工作都要以学生为中心，所有的管理工作应当以学生自身利益为出发点，这就要求高校学生管理者不断更新管理理念，充分尊重学生的差异化特点，促进高校学生个性化发展，并且严格按照人才管理要求进行精心管理，坚持宏观指导原则，深入学生主体当中。在管理过程中，始终坚持统一的制度加强学生的管理工作，同时还要按照不同层次评价进行管理工作，从而大幅度提高管理工作质量，使管理工作不仅具有时效

性，而且具有一定的科学性，进而有助于实现高等教育人才培养目标。

始终秉承着"以人为本"的教育管理理念，开展高校各项管理工作，这是高校教育管理工作开展的重要前提。人本理论不仅在现代企业管理中具有十分重要的作用，而且在教育领域教学管理中具有十分重要的作用，被广泛应用到教育教学管理中。这就要求高校在学生管理过程中，应用人本理论思想，遵循人本价值观，充分尊重人的本质发展，这是学生管理工作实现创新的必由之路。

二、完善学生管理体制

学生管理工作涉及学校管理的方方面面，尤其是学校多个部门的管理工作，这就要求在开展学生各项管理工作中，各部门相互沟通，保持一致的管理步调，合理管理，从而能够更好地应对学生管理中各种突发的问题。在学生管理过程中，一方面，深化学生工作机构建设，明确学生管理系统中各个组织的岗位职责及应当承担的责任，做到责任到人，并且各个组织之间要做到协调一致；另一方面，适当放权。当前高校学生管理过程中，普遍都是校、系管理体制，理应担负起学生思想教育及行政管理等方面的重要任务，既要赋予学生管理工作所需要的职权，也要担负起学生管理工作的责任。适当的管理权限下放，有助于及时发现教育管理过程中的不足之处，便于制订行之有效的应对方案，从而提高学生管理工作的质量。

集中管理需要将学生管理工作抽离出各个基层单位，形成针对性的学生工作管理体系。首先，集中管理逐渐向着科学化管理方式发展，很大程度上摆脱多领导复杂管理方式以及多部门干预的复杂局面，简化了各种烦琐的管理流程，使高校学生管理工作更加有时效性。在这种体制下，各项管理工作步调一致，使目标工作达成一致，为学生管理部门的专业化奠定良好基础。各系有更多的精力放在教学改革上，集中精力主抓教学质量；其次，集中管理使学生教育管理部门不仅实现了高校学生心理教育、高校学生招生等方面的管理，而且实现了高校学生就业与高校学生勤工助学等方面的管理，为在校高校学生提供了更为全面且细致化的服务，为高校学生的健康发展提供了强有力的保障；最后，由于学生教育管理部是对高校学生的直接管理，全体学生管理干部也归统一管理，为有计划地培养学生管理奠定良好基础，使所有管理保持一致，使管理工作不仅能够有条不紊地进行，而且便于合理地安排各项工作，大大提高了高校学生管理工作效率。

三、健全学生管理制度

学生不仅是学生管理工作的重心，而且是学校最为重要的群体。学生管理工作成为学校最重要的任务，不仅关乎着学校的发展，而且是学校实现可持续发展的关键。高等教育改革的深入与发展，使得高校逐渐摆脱了过去的"围墙"校园，对于高校学生来说，既有着较为广泛的知识面，法律意识也越来越高，高校个体之间的利益也变得尤为复杂，这就要求在进行高校学生管理工作过程中，运用一定的法律或者是规章制度对其进行约束，规范高校学生个体之间的关系。因此，在学生管理工作中，需要建立完善的学生工作规章制度，满足学生管理需要，规范管理工作，这也是规范学生行为的有效方式。

首先，高校教育机构必须依照法律制定健全的规章制度，并对现行的法律条例进行适当的调整。此外，也需要深度探讨社会法制的发展和法治化的校园环境对学生管理的预期。无论是修改现有的规定还是重新设计，都应该保证它与我国的法规、方针及引导准则相一致。此外，在执行规范性的管理过程中，还应该注意保障学生的公平权益；其次，将法律视为一种管理学校和处理各类问题的工具和策略。在这里，"管理"并不只是控制，而是"管理"的一个全面组成部分，包含了管理和服务的元素。高校管理者应将法律视为学校运作的基础和最大的权利；最后，建立学生援助系统，保障他们的合法权益。高校管理者必须严格遵循法律规定，避免任何侵犯学生权益的行为发生。高校管理者还需要建立一个学生投诉系统，确保他们的权益得到充分保护。

四、改进学生管理方式

在高校的学生管理中，秉持改革和创新的态度，积极寻找新的路径、方式和工具，并且努力将这些工作融入到互联网、社团和公寓中，从而构建出一种全新的学生管理模式。

(一)学生管理工作进网络

互联网科技对于教育行业的深远影响,已经转变为高校学生掌握知识和接收各种资讯的主要方式。互联网内容繁杂、传递快捷、环境宽松、影响范围广泛,并且很难对其进行有效的监督,因此,它被视为一把"双刃剑",给予了高校学生管理任务良好的契机,但同时也给学生管理工作带来了巨大的考验。一是加强对于在线道德与精神素质的教育,增进高校学生的自律能力。定期举办在线知识与精神心理课程,通过这种方式引领高校学生,激发他们的责任意识;二是加强对互联网的管理,同时严格执行上网准则,提高校园网主页质量,提升与非校园网络服务的互动,以协助学生们踏上健康的旅程;三是指导高校学生进行各种有趣且积极的活动,并且更多地组织一些关于学生权益的计算机知识竞赛及互动式的问答;四是提升团队合作能力,扩大社会互动,促进师生、同学及学校之间的在线沟通,扩充思想教育途径。学校可以定期组织"网页设计大赛""电子竞技大赛"等计算机方面的比赛,为学生建立良性的向导,拓宽知识面;五是培养、建立一支精干高效的学生管理工作队伍。作为学生管理人员,需要精通网络信息科技,并且要掌握在线教育的方式;及时地搜集、解读和监督网络信息,以便找出学生们所关心的焦点和难题,特别是那些具有偏见和集体性的问题,并且要立即实施有效的解决办法,以便更好地完成自身职责。

(二)学生管理工作进社团

在学校,学生扮演着核心角色,而课余活动则成为学习的辅助手段。一个富有活力、平静且和睦的、积极向上的环境,能引导高校学生提高自我修养、规范自身的行为、开发自己的智识,从而加深他们对于学校的认同感和保护意识。此类氛围对于高校学生来说,能帮助他们更加公正地理解、提升自己,做出正确的决策并促进个人成长。

随着素质教育的深入实施,众多的高校社团像雨后春笋一样纷纷出现,掀起了一股"创办社团热潮"。这种社团文化逐渐变成校园文化的核心元素。早期的文学社、艺术团、学术沙龙以及近期的公共关系协会、科技研究中心等,都为学生创造了一个展示自我、磨炼技巧、建立友谊、交流互动的舞台。教师可以通过这些社团深入了解学生,改进他们的教育模式,增强他们的教学成果。所以,高校学生管理人员需要最大限度地运用社团资源,积极推动他们的思想指导与管理任务。

首先，提高校园社团文化的活动层次，提高校园社团的文化素质，使其达到甚至超越高校学生的认知与欣赏程度，以便更好地满足他们的成长需求。

其次，提升对于学生社团的标准化和监督。作为一种学生自主管理、自我培养的主要方式，学生社团的运作需要受到学校的严格监督。为了确保其顺利运作，学校需要增强对其的监督力度，并且让其在执行任何活动的过程中，都能够严格按照以下准则来操作：第一，学生社团需要接受学校的指导和监督，其所有的活动都需要符合法律及校园的规章制度，绝不能做出任何违反其目标的决定；第二，学生社团需要积极吸纳来自其他地方的成员参与社会政策和学术研究，确保其正常运作；第三，对于针对学校的出版物，必须得到学校的认可，并且需要由学校进行监督。

最后，注意坚持开展校园社团文化活动的长期性与实效性。有些地方开展校园文化活动存在着节日时活动集中开展，平时则活动较少的现象；或者活动只注重表面，仅仅追求轰动效应，做表面文章，不注重学生从活动中获益，这样的活动与教育目标是背道而驰的，与校园文化建设的要求也是格格不入的，应该避免在工作中出现。

高校学生管理任务应该坚持以人的利益为核心的管理理念，将学生视为既受到管控的个体，也受到管控的主导者，并在管理过程中尽可能地弘扬民主的原则，激励他们的热情，增进他们的自我约束。此外，持续提升对于学生管理团队的建立，寻找创新的管理方法，并采取先进的教育管理策略，使高校学生管理工作变得更具科学性、系统性、标准性。通过持续学习与主动研究，高校学生管理工作必将满足新的环境需求，并对于人才的塑造产生更深远的影响。

高校教育观念应该把学生放在首位，把他们看作是教育的焦点和主角。在执行管理任务的过程中，应当深入倡导民主原则，激发学生的热情，增强他们的自治能力。另外，也必须重视对学生管理小组的构建，探索创新的管理方法，运用先进的教育管理手段，以便让学生的管理任务变得更为科学、系统且标准。

第三章 高校学生教学管理制度及机制

第一节 教学管理制度及机制概述

一、高校教学管理制度的概念

高校教学管理制度是以优化教学内容、提升教师队伍素质、完善教学质量等为目的而实施的教育规章、教育守则、教育措施等的总和。高校师生都应该以教学管理制度为标准，规范教与学的活动。

高校教学管理制度从不同的层面出发，就会有不同的理解。从广义的层面来说，高校教学管理制度是伴随着教育发展而来的教学管理体系，它是由诸多部件或者是诸多元素而构成的一个完整的整体，并且与高校教育功能的发挥有着直接联系，而这个整体或者是系统却总是随着社会的变化而不断变化。当高校教育无法适应时代发展需求时，就需要通过制度改革来顺应时代发展需求，而高校教学管理制度就是在顺应时代发展需求过程中发展起来的；从狭义的层面来说，高校教学管理制度是为了规范教学活动与保障教学管理而形成的一种完整系统，既是为了提高教学质量，也是为了实现教学目标。为此，各国都在不断试图通过管理制度来强化教学管理，而当前国际上在教学管理中采用最多的是两种制度，一种是学分制制度；另一种则是学年制制度。这两者间还是有一定的区别的，学年制有一定的强制性特点，并且着重于强调统一；而学分制不仅具有一定的灵活性，而且选择范围相对较大。在高校教育管理过程中，教学质量的提升与选择哪种教学管理制度实际上没有多大关系，最重要的是所使用的教学管理制度能否满足教学管理需要，这就要求高校不断完善教学管理制度，才能有助于提升高校教学管理水平。

二、高校教学管理制度的特点

高校教学管理制度具有以下几个鲜明的特点：

（一）全面性

教育机构的教学管理体系是一个全方位的系统，涵盖了基本规定、教育改革、实践教育管理、学生档案管理、教学质量监控等领域。这些领域之间联系密切，互相影响，共同构建了一个综合性的系统。一旦某个环节出现变动，可能会对其他环节产生一定的影响。因此，在构建高校教育管理系统时，应该全面实施系统论所提供的理念和策略，以此来形成一个内部相互关联、互相支持的完整体。当对这套体系进行修改和提升的时候，需要从体系的角度出发，保证其顺利运转并且健全成长。在执行的过程中，学校的各个组织需要紧密联系，形成良好的协同效果。

（二）指导性

教育管理是一种具备明确目标、制订周密计划的实践，其核心价值体现在对教育的支持。在高校，教育管理实际上就是一种教育实践，其核心观点、运作方法、行为方式均展示了教育方针与教育观点，并且成为高校文化氛围的重要组成部分。不论是在管理流程中还是在管理成效中，都能够清晰地反映出教育和教学的价值观，并对其进行有效的指导。另外，高校教育机构的教学管理能力将对其教育质量产生显著且持久的效果，从某个角度来看，它预示着高校教育机构未来的进步。管理任务的效果并非只局限于人才的塑造，它同样牵扯到教育的品质，并且与教育行业的长远发展紧密相连。所以，高校教育管理体系需要积极贯彻高校教育原则，深化对高校教育的理解，并且努力与高校的所有教育教学任务相协调，以便在未来为社会提供具备价值的人才。

（三）服务性

在高校的教育过程中，高校教学管理扮演着重要角色，它是为了高等教育事业而进行的管理。高校的教职员工和学生既具备独立思考的能力，也具备自由精神。如果只专注于管理，却忽视了解他们的思考和服务需求，那么他们很可能会感到失落。因此，高校教育管理不只是管理，也展示了其服务特质，为各类教育活动提供了强大的支撑和保障。在这个过程中，管理被视为策略，培养人才则是其基本目标，通过对一系列资源进行优化分配，可以更有效地达成高等教育的三大目标,也就是培育顶尖人才、推动科研发展、为社会做贡献。教育管理的重点是要展示出积极的态度,使得管理任务具有更好的可塑性和灵活性,从而在保持适度的同时,向全体师生提供更具人文精神的服务。

三、高校教学管理制度的内涵

在我国,高校的独立性体现在其独立运营的特性上,高校能够依照相应的法律条例制订发展计划。独立运营意味着能够把高校的整体布局、二级部门的运营以及教师的任务与学生的学业成果有机地融为一体。高校的教育管理体系能够准确地解决并应对高校管理者、教师和学生的相互影响。高校教育管理体系具备一定的内在逻辑,这主要归功于高校独特的机构架构及其特殊的学术属性。

（一）权力系统层面：实现集权与分权的统一

随着高校持续发展,高校管理者在专业领域和其他领域的影响力正在逐步减弱。因此,他们必须放弃超越自身的知识和技能的控制,获取与自身所掌握的知识匹配的决定权,构建一种学术和教育相结合的管理模式。高校需要专注于教授知识,这就和现实中的商业机构严谨的领导体系和盈利模式有着本质的区别。高校需要在尊重知识和科技进步的基础上,致力于为社会的进步培养更多的专门人才。因此,高校的教育监管政策是基于学术监管的规则来设立的,这也构成了学术监管的组成部分。

（二）学术管理层面：控制与自由的统一

设立高级教育体系时,需要秉持自主精神,激发学生的热情,为他们提供充分利用个人优势的机会,努力营造优质的学习氛围,以此来满足他们对于学业的渴望;同时,也需要关注教师和学生之间的自主成长。在学术上提升选择权,并在管理上对相关政策进行适度调整。换句话说,关注学生在学术与教育领域的自由。拥有开放的观念与自我尊重的特质,正是促进学生创新能力与个性发展的关键。教学的自主性是教师的基本需求,对教学的监督也需要采取自主的方法。高校教师的教学方法通常展现出自主性和个性化的特征,方法多样,每个人的教学风格都有其独特性。所以,对于教师的管理同样需要,激励他们自我管理的方式更为关键。唯有保障他们的授课权利,才可以让他们的职业技能得以独立运用。

四、高校教学管理机制概述

在高校教育教学管理中，存在着众多职责，如决策者、领导者、教师、学生，甚至是评价与监控的工作人员。此外，这个系统不仅涵盖教学部分，而且包含科研部分、后勤服务部分、学生服务部分、人才培养部分、继续教育部分。为了达到高校中所有组成部分与它们所组合出来的活跃体系的协调一致，需要创造出一个高效率的教育管理体系。精确把握教育管理体系的核心思想与基本规范，不仅是创造出高效率教育管理体系的理论根据，而且是达到此项目标所需的具体环境。

（一）教学管理机制的内涵

教学管理机制涉及教学系统的各个构成要素，贯穿于教学过程所有环节，虽然教学管理系统涉及教学系统的各个构成要素，并且这些要素之间相互作用，但是就教学管理机制而言，人才是关键，教学管理机制离不开人这一重要因素。教学管理系统是由个体或者是群体而构成，教学管理机制不仅需要考虑教学管理系统内部群体之间的关系，而且需要充分考虑群体中个体之间的关系。

为了使教学管理机制充分发挥它的作用，并且更好地把控这个机制，可以将教学管理机制理解为管理教学组织系统中个体或者是群体行为而构建的一种管理机制。教学组织系统中的个体是指学生、教师与管理者等各个成员；教学组织系统中的群体是指学生群体、教师群体、管理者群体等。教学管理机制的目的是大大减少阻碍于教学目标实现的不良行为或者是不良因素，调动教学系统内部所有成员的积极性与热情。

在组织体系中，每个成员的行动都会产生相互作用。如果仅从表面上看，一个规章制度可能是有益的；但是，由于这个规章制度必须与组织体系中的其他成员有关，所以一个表面上看似有益的规章制度，在实际执行中可能会带来负面的效果。所以，制订规章的核心在于妥善协调教育管理体系内部的各类人际关系。换句话说，从实现教育目标的角度出发，尽量使所有的参与者都能充满热情、全身心地参与到教育活动中。

（二）教学管理机制的核心问题

教学管理机制主要有两个核心问题，一是起到了激发教学目标的实现的各种行为。站在教师的角度，通过科学的课程设计，教师针对教学大纲认真地备课，并且有组织地开展各种不同形式的教学活动，教师在学生学习过程中一丝不苟地进行指导，组织开展丰富多样的实践活动或者是课外活动，不仅有助于培养学生的素养，而且有助于促进教学质量的提升。因此，教学管理机制应当以激发上述行为出现为前提进行设计；二是为了抑制教学过程中不利于学生素养发展而进行的教学管理机制设计，简单来说，就是教学管理机制是为了约束各种阻碍学生发展的不良因素而制定的教学管理机制。识别教育活动的过程是一项全面的管理任务。识别教育活动虽然能够构建一种旨在提升教育品质的管理策略，但是其本身并不一定能够完全达成。其真正的执行需要一种附加的执行方式，而识别就是这种附加执行方式的体现。但如果想要精确地识别，必须向识别者施加恰当的激励，让他们能够尽心尽力地履行自己的责任。因此，构建教育管理体系并非只关乎如何激励和限制教师的行动，它还涉及如何激励和限制教育管理人员的行动。

第二节　教学管理机制的分析

一、高校教学管理的运行机制

教育管理运作机制的主要问题包括教学组织目标整合机制、教学管理决策机制、教学任务分配机制。

（一）高校教学组织目标整合机制分析

1. 高校教学组织目标的一致性问题

在关于组织管理的学术著作里，一个尚未清晰阐释的主要观点是：组织就是由所有成员为了达到共享的目的而形成的集体，个体的活动方向与集体的方向保持统一且没有区别。因此，以此作为基准，组织管理学科的主要课题就是如何通过高效监督和管理信息，调整集体成员的活动。高校作为一个知识分享的集团，应该设定一个可被全部人士接纳的目标。从价值取向来看，高校教学管理应该确保在具体操作过程中，存在一个被高校教学的每一个参与方都承认且通过他们的行动达到的一致性目标。在达成高校作为教育机构的目标时，最重要的职责就是提供给社区的公众福祉与公众愿景，这同样对高校的所有成员都大有裨益。所以，需要把个人的愿景融入高校的教育目标中。

在真正的教育运营过程中，高校教育运营的目标一致性问题尚未被妥善处理。这主要是因为人们对目标激励效应的了解还不够，再加上人们对构建目标机制的理论探讨还未达到深度，使得教育运营只是停留在教育目标或教育运营目标的表面，或者是因为多重的原因，忽视了教育组织系统内部的团队和个体的目标差异。结论就是，无法彻底达到教育的目的，同时，教育的使命也无法得到执行。

目标控制策略是针对个人和高校的利益关系进行的管理方式，也就是说，通过适当的策略规划，达到个人和高校教育管理团队的目标。但是，必须强调的是，无论哪所高校的教育管理团队，它们的目标并非完全一致；并且，达到目标的一致性并非只有依靠目标控制策略，还需要其他教育管理策略的协同效果。

2. 高校教学组织目标具有积极的管理效应

在高校教育管理过程中，教育机构的目标起到了鼓舞、引领、调整和监督的多方面作用。由于这些管理作用，需要对设定教育机构的目标体系进行规定。

首先，高校教育机构设定的目标起到了激励作用。具备目标性是人类活动的独特属性。活动中存在没有目标，它们产生的影响将会截然不同。目标在推动人类的学习过程中起着重要作用，每一项行为都离不开目标的引导。在高校运营过程中，也应该设立清晰的目标，提升教师的热情与积极态度。高校教育机构的目标引导效果主要体现在提升教师的工作热情上。所以，高校教育机构的目标达成，从心灵层面来看，就是对于个人自我提升的渴望。

其次，高校教育机构的目标起到了引领作用。这种目标的引领作用，就是高校教育机构的目标可以给高校全体成员带来教育的路径，进一步把有限的教育资源集中起来，以达到设定的目的。通过三个主要领域，如管理学、教育学与组织学，能够深入了解高校教学组织的目标引领作用。

每个管理行为都朝着特定的管理目的前进，高校教育管理同样如此。教育机构的目标既是其管理行为的导航，也是达成教育目的的最后期望。因此，高校教育机构的目标在其教育管理过程中扮演着非常关键的角色。高校教学活动既展示了某种程度的教育意义，也反映了某种具体的价值理念。每个从事高等教育教学的人都有自己的教育价值观和教育理想。教学组织目标可以引导教师实现教育价值追求和教育理想，从而实现高校的教育价值追求。从组织学视角看，高校的教学组织体系由多个层级和各种子系统构成。教学组织的机构设计应以实现教学目标为核心，同时考虑到教学资源的合理配置和事务性工作的有效进行。教学组织体系建立后，其内部机构具有一定的自主性，形成特定的利益群体，进而产生组织内部的目标。因此，不同层级的教学组织和子系统具有不同的目标，决定了各自的发展方向。总之，通过明确教学组织目标，可以有效引导高校教学管理活动，实现教育价值追求，提高教学质量。同时，考虑到教学组织体系的多个层级和子系统，需要针对不同层级和子系统制订合适的目标，促进整个教学组织的和谐发展。

最后，教育机构的目标能够起到调控作用。构筑这样的教育机构的目标体系，就是要最大化其对教育目标的影响力。借助这个体系，并且利用它进行多样化的目标管理，能够让学校的所有部门和团队持续保持正确的方向，达成共识，主动调整他们的行为，并且平衡相互之间的联系。因而，必须对每个部分与每个教育单位进行配合。在管理的视野下，配合的方法可能会有很多，然而，它们都必须坚持一个原则，那就是高校中的每个部分与教育单位，他们的任何活动都应当以达成教育组织的目的为最终目的。与此类似，高校教师团队的每一项行动也应该彼此配合，主动调控自我，共同致力于达成全面的目标。

（二）高校教学管理决策机制分析

1. 高校教师选任机制

（1）教师选任机制所要解决的问题

优秀的教师团队，在某种程度上代表了优秀的人才培养和教育水平。虽然教师团队的水平取决于高校的人才构成及其管理，但是新加入人才的基础能力起到了决定性的作用。因此，对于教职工的挑选需要谨慎。各种不同的招聘方式会吸引各种能力的人加入到教职工团队中，这样高校教职工团队的品质就会根据其所处的环境和条件产生差异，进一步导致了各种类型的教育成果和教育品质。

被称为教师选任的策略，就是根据适当的规划，挑选出那些满足高校教育和科研需求的优秀人才加入教师团队。在这个高校教员选任策略下，需要面对的挑战是确保拥有良好品格的人才加入高校教育团体，并且采取什么样的策略让拥有特殊技能的教师晋升至更高的层次。在挑选候选人时，必须考虑四个因素，即他们的专业精神、道德素养、教育技巧和科研才华。这四个因素会影响到他们未来的成长空间。高校教师的招募流程需要处理的核心难题，就是如何收集与招募对象相匹配的素养。

（2）教师选任过程分析

教师的雇佣流程分成三个步骤：确立新的教师队伍构成与筛选规则；进行招募评价；进行最后的加入。在这三个步骤里，教育管理机构所承担的责任是有所区别的。概括起来，整个流程包括按照学校（系）的职责要求，人力资源部门拟订雇佣方案，并规定了选拔准则。领导对候选人的政治和道德品格进行评判，而学校（系）的专家团队则对候选人的职业能力进行全面审查，最后才能确定其是否有资格担任职位。一般来说，教师的雇佣规模是基于每个系所接纳的学生总数，同时还要兼顾到学科的专业进步。该过程包括：由人力资源部门公开招募新的教育工作者的规定；每个学院（系）依照该部门的指示，拟定对应的教育工作者的新的招募方案，并在得到该部门的认可后，组织整个学校新的教育工作者的招募方案。设立雇佣方案的过程中，雇佣的规范也会相应地被设立。从现行的高校状态来分析，评估依据主要是学历。虽然各个专业对于学历的需求有所区别，但是从整体角度看，对于学历的期望值正逐渐增加。

2. 高校教学计划编制机制

（1）教学计划编制的过程分析

制订教学方案的流程包括：首先，学校公开有关设立教学方针的引导性文件，各个学院根据这些引导性文件拟定教学方针，在各个学院和教研部门内部召集教师就这个方针展开探讨；其次，各个学院的教育指导小组就这个方针进行深入讨论，最终得出一份相当规范的教育方针，同时，还有学校教育指导小组的最终评估结果；最后，由学校公开他们新的教育方针。所有流程都是根据国家教育政策、学校的教育理念与专业的培训目的来实施的。

引导性文件汇总了学校的教育观点和教育原则，这些内容涵盖制订教育计划的主旨（国家教育政策和目标）、培育路径（毕业生将承担的社会职责或从事的职业）、培育标准（同一专业所培育的人才在社会活动中的等级差异）和详细的需求（主要涉及对人才素质的全面发展，如道德、智力、体质、美感等）。

当设立教育方案的时候，必须全面思考教育部设立的主旨教育方案、学校现存的教育方案在实施阶段的历史痕迹、不断变动的社会对高校学生的新期望以及未来的策略规划和教育观点等方面。只有在对各个环节进行精确规划后，才有可能构建出与国家的教育政策、学校的教育理念及专业的培训目标相匹配的教学策略，提升教学水平，并且为社会输送大批的杰出人才。

根据学校公开的教育规划的引导资料，各个专业的教育规划被院系的专家们编写，供教师研究和讨论使用。通常，学校对于教育规划的引导建议已经形成了课程安排的核心框架，因此，教育规划的编写主要涉及特定课程的选择。此处存在一些核心课程的规定，也就是说，教育部的引导性文件已经清晰地标注了。

在制订教育规划的过程中，一个主要的难题是课堂的总数有限和各个学科的差异性。因为特定的课程安排将牵扯到教师的教育和研究范围以及教育目标的实现，所以如果有一些教师对教育规划提出了异议，那么教育管理人员必须在讨论规划之前明确全面的讨论准则。也就是说，如果教育管理人员觉得某个课程适合还是不适合，或者应该提供多少课时，教师必须有足够的证据进行辩解，所有的辩解都应该从学生的成长角度来看待，并将达到教育目标和培训目标作为最终目标。

（2）教学计划编制要考虑的问题

在全部的设立流程里，学校领导人负责策划和配合，同时，专业人士也负责执行和融汇。全面的教育规划设置，最重要的议题就是课程的架构。这种情况主要包括：理论和实践的比率、一般和专门的比率、主要和次要的比率、必修和选修的比率等。核心问题包括：各种专业的课程安排、每一门课的授课时长，以及各种课程在全部学期的排列顺序等。由于各种分配体系的差异，教师在设计教学方案时，对于这些问题的处理难度也会存在显著差异。

（三）高校教学任务分配机制分析

1. 行政强制性教学任务分配机制

行政强制性教学任务分配机制因报酬情况可细分为无剩余报酬的强制性教学任务分配机制和有剩余报酬的强制性教学任务分配机制。

（1）无剩余报酬的强制性教学任务分配

在聘任制度下，对高校教职人员的管理受到行政部门的监管。教师的薪资水平主要由教师职位的级别决定，而与教师的劳动投入（教学任务、科研工作和兼职管理任务）无直接关系，使得教学任务分配面临挑战。当教师承担更多教学任务时，他们的劳动成本将随之提高，从而导致主观满意度的降低。在这种情况下，大部分教师不太愿意承担同一门课程在两个班级的教学任务。然而，备课成本问题也不容忽视。显然，准备两门课程比准备一门课程需要付出更多的劳动。因此，部分教师也愿意承担平行班级的课程教学任务。在这种情况下，行政命令成为教学任务分配的主要协调方式。高校需要寻求合适的教学任务分配策略，以平衡教师的劳动成本和教学效果。通过更合理的教学任务分配，可以提高教师的工作积极性，从而提高教学质量。

（2）有剩余报酬的强制性教学任务分配

面临全面的社会变革和开放，由于缺乏额外收入导致的行政职能降低，高校领导层被迫寻求通过优化薪资系统以应对教育工作的效率不足。他们的方法之一就是采用"奖金"的观点，以便教师能够从中获取额外的收益，从而满足领导层的教育工作安排。观察管理的效益，虽然"剩余利益"提升了学校的实际开销，但是减少了学校的非实际开销，这样一来，高校教职工的总收益就可以和其他人的总收益保持平衡，进一步实现对教职工团队的稳固。

在指派制度中，如果存在额外的薪资，那么教师更愿意投入更多的精力来完成教学任务。因为只要他们完成了一节课的授课，便可以从中获取一部分收入，虽然这部分收入与后续的状态相比仍然较少。

2. 市场化教学任务分配机制

（1）健全市场化教学任务分配机制

在教育行业，"选择"的运作被视作市场的一部分，它的核心理念是："满足个人需求就是市场存在的目标，而对消费者偏好的反应则是市场的核心"。一个完整的市场化的教学任务分配方式，可以由两个"选择"来描述，即教师提供课程、学生选择课程及选择教师。教师通过设计课程，把他们所掌握的知识点展示给学生，这就是他们对职责的划分。但在对待学生的选择上，情况可能会比较复杂。原因在于，学生需要做出两个选择，一个是选择课程；另一个则是选择教师。

(2)有限市场化教学任务分配机制

通过融入市场化的教育任务分配策略，有效地将行政强制的分配策略与市场化的策略相融合，使得学生的个人选择权及对于教育管理的监督能够得到有效的支持。此策略通过市场化的选项手段，克服了仅依赖于行政强制的任务分派策略的缺陷，并且运用行政强制策略的优点，弥补完全市场化策略的缺陷。管理绩效主义的实践表明，当代社会的主要理念正逐渐转向效率和发展。这主要反映了内部市场对有限资源的需求。教育变革同样受到了消费主义的影响，其强调的消费主义的优先地位在"选择"的定义里得以展示。但是，对于教育管理者而言，适当地采用市场竞争的方式不仅与社会主导思想相一致，而且对他们的个人决策大有裨益。

尽管如此，采用选择性的方式对教育管理者来说，代表了一种行政权的赋予及一定程度的减少。所以，当进行职责划分的时候，教育管理者必须在行政命令和市场选项中做出选择，这主要基于他们的个性特质及他们获得个人利益的可能路径。简言之，通过有效的市场化教育任务分配方式，人们已经成功地将教育管理和个体权益相结合，这对于促进教育改革的顺畅发展起到了积极作用。

二、高校教学管理的激励机制

（一）高校教学管理激励机制的行为模式

对于高校教育管理系统的探讨，必须以教师的需求为基础，深入探讨与激励相关的议题。首先，一个人的行动不仅是由他的性格和所处的环境所决定，而且会被外部的刺激所左右。所以，对于高校教师，他们的行动起着重要作用。关于管理刺激的核心效应，来自公司的内在与外在环境的管控特质及个体的性格特质。鉴于每所高校的教师与学生都是根据自身的一些特点而融入高校教育结构里，这种个别的个性通常源自他们的持续生活积累，因此，通常不易进行改变。在两个核心要素未能得到教育管理者充分把控的状态下，教育管理的影响力就变得至关重要，它直接影响着高校教师的个人选择。

首先，环境在激励中的关键作用。环境元素对于高校教师个人行为产生的重要性，不仅取决于组织或集体的常规社交场景，而且取决于他们的实际工作与生活状况。尽管高校的外界环境有其不易掌握的特性,但是高校仍有能力根据自身需求确定适合自己的工作场景,并积极地调整和管理这些场景。高校教育管理核心是构建符合需求的教育机构,通过达成教育管理的目的,让所有教师都可以最大化地挖掘自己的才华;其次,对于高校教师的个别行动差距,其背后的深层次原因十分重要。这主要源于每位参加者在加入到高校教育机构并开启他们的教育生涯之后,都会携带他们独特的品格和性格。所以,如果要想实施有效的教育管理,管理者就需要深刻认识到每位教师的独特性,并依照他们在各种情况下的行动反应,制订出适合的管理方案。激励在塑造教师的行为方面起着决定性的作用。当其他可能会对教师行为产生负面影响的部分不易进行有效的改变时,采取激励方式便成为一种改变教师行为的方式。但是,管理学中对人的行为模式的建立还是面临着一些挑战。这种方法未考虑到个体的心灵状态与价值取向如何影响其行动,所以,当领导尝试利用奖赏策略去改变员工的行动方式时,他们需要一直铭记,不仅仅是奖赏,心智教导同样可以作为一种有效的管理策略,有助于改变员工的行动方向。

(二)高校教学管理激励机制的基本原则

1. 教学激励的约束原则

首先,高校教育工作者肩负着主导的角色。不论何种类别的教育工作者,都必须肩负起传递、运用并创造知识的根本使命;其次,需要考虑的是教育行业的危害和隐藏的低效益。由于教育任务的烦琐、学生的学术水平的不同,再加上教育活动中需要应对的实时反馈,因此,将教育视为核心职责会带来许多挑战。这些挑战来自高校教育的烦琐,有可能会造成教育工作者的付出与收获之间的负相关。为了达到优秀的教育成绩,教师必须承担较大的开销。在讲解知识的流程里,因为知识的烦琐,教师必须花费许多的时间和精神来探索新的、具有价值的资讯。然而,这个流程对于教育任务的数量来说是难以准确计算的。简言之,高校教育管理鼓舞的准则是为了保证教师的核心任务能够完全执行,并且也要考虑到教育活动的危害性和花费。借助适当的鼓舞方法,可以增强教育的成效,进而优化高校课程教育品质。在具体的执行过程中,必须重视鼓舞的内容方向,以便让鼓舞的方式能够与教育的目的达成共识。

2. 教学激励的相容原则

在高校教学管理激励实践中,存在两种不同的激励标准:过程标准与结果标准。过程标准关注教师个人的努力程度；而结果标准则关注教学成果。然而，单独依赖教学结果作为激励依据存在问题。教学效果的评估涉及诸多因素，且受到学科差异的影响，无法精确衡量。因此，从管理学的角度来看，高校教学管理的重点应该是教师的教学过程，而非单纯追求教学结果。总之，在教学激励方面，高校应关注教师的教学过程，以实现更有效的教学管理。通过激励教师投入教学过程，提高教学质量，实现高校教学目标。在实际操作中，需要综合考虑教学结果、学科差异等多种因素，制订合理的激励措施，促进教师积极参与教学活动。

3. 教学激励中的竞争与合作

教育的竞赛和团队协作涉及一种集体的行为模式，也就是说，如何在执行教学目标时起到关键的角色。教育是一项集体的工程。这不仅依赖于教师的单独付出，而且依赖于整个团队的配合。对于一种集体的教学行为，需要创建一种竞争的环境，让所有教师都有机会去激励其他教师；而对于一种集体的教学行为，也应该推动教师之间的配合。所以，高校教育鼓励应该包含竞赛和协同工作。竞赛的本质就是引导人们寻找最优的收益，包括在团队内部取得优势的社交驱动力及对于自身价值的追求。这种驱动力有助于提升全面的教育成果。协同工作需要每一方都积极参与，以达成高校的教育管理目标。这主要是为了应对特定情况下，由于竞赛可能导致的个人利益的失衡，以及对团队利益的破坏。

（三）高校教学管理激励机制的有效实施

1. 对高校教职员工个体行为的激励作用

高校教学管理机制对个体行为激励主要起到以下三种作用：一是物质性激励作用；二是精神性激励作用；三是竞争激励作用。激励作用对于不同个体所起到的作用也有所差异，同样，激励作用力度对于不同个体所产生作用也存在很大差异。可如果是社会其他职业群体，显然竞争性激励作用要远胜于物质激励作用和精神性激励作用。

2. 高校教学管理中的激励策略：奖励与惩罚

在高校教学管理过程中，奖励与惩罚是高校广泛采用的一种策略，也是在高校教学管理中常见的一种基本做法，很大程度上能够约束高校管理者行为。对于高校教职员工来说，都有欲望的驱使，满足自身欲望及保障切身利益是一种动力，同时也是一种较为明显的动机，而高校教学奖惩正是基于此，才使得这种策略充分发挥了作用。作为教学管理中的重要工具，奖惩制度不仅奖罚分明，而且通过奖惩制度，很大程度上能够提高教学管理水平。

在实施奖惩过程中，需要在以下这些前提下，奖惩制度才能充分发挥它的作用，约束教职员工其行为。第一，奖惩制度可以针对教职工的教学行为及教学质量进行评价；第二，高校管理者在管理过程中，可以针对教职工的教学采取一定的奖惩，但是需要注意的是，高校管理者需要对教职工明确奖惩的前提，明确奖惩的具体要求及目的，使教职工能够清晰地了解奖惩制度，并且需要根据教职工的教学采取相对应的奖惩，而不能随意进行奖惩；第三，在实施奖惩过程中，针对教职工的奖惩，需要明确奖惩力度及具体内容，这是所有教职工所关心的，关系着教职工的切身利益；第四，在实施奖惩过程中，不仅要充分把控奖惩的力度，而且要精准地把控奖惩的目的与动机，使奖惩始终处于一个激励的水平上，能够充分激发教职工的积极性，成为调动教职工工作热情的重要管理工具。

三、高校教学质量监控机制

（一）高校教学质量监控机制的功能

1. 教学质量监控机制的教学管理功能

通常，教育监督包含三个主要的管理职责。第一，挑选并提升团体。由于它是一种外部的约束性力量，对于那些没有自我约束、违反法律和规定的个体，利用这种监督手段可能会导致他们被排除，从而阻止他们的活动。尽管如此，为了提升实验教学的监督效果，学校仍需设置一套严谨的限制措施。教育监督在此仅扮演着搜集数据的角色，从某种程度来说，其在此领域的职责仅仅是辅助；第二，监督有助于预防。通过监督违反规定的人更容易被察觉并受到处理。在监督的过程中，连续地提醒、劝诫与及时地修正，都会形成一种长期的制约能力。因此，能够避免微小的错误演变成严重的错误；第三，监督具有鼓舞作用。教育监督的鼓舞作用，是因为它可以让那些表现优秀的教育工作者得以突出。借助于教育监督，教师将接收由教育管理机构提供的表现评估，从而实现了对教育成果的透明度。

2. 教学质量监控机制的质量保证功能

对于鼓舞教育者的行动,进行教育成果的评估与透明度显得尤其重要。但是,确保高校的教育品质,教育品质的监督系统起到了决定性的作用。

对教育品质的严格把关是增强教育效果的关键路径。这种把关的过程就是针对真实的教育行为及教育管理行为的回应。因此,严格的教育监督可以优化教育管理,通过执行相关的矫正与调节,所有的任务都能够得以优化;也提升教师的教育技能。比如,在课堂上的聆听不仅可以帮助教师维护其优秀的教育观念,而且可以激励教师持续地对自身的教育方式进行审视。教育成果的评估与透明度对于教育活动起到了鼓舞作用,同时,教育品质的监督体系在确保教育品质上起到了决定性作用。通过执行教育规划、设定目标、提升教育质量,教育品质的监督体系为高校的教育活动提供了强大的支撑。

3. 教学质量监控机制的行为监控功能

对于教育品质的行动管理,核心的表现就是对重点活动的管理。每一位教师的授课方式都具备自身的核心风格。这种展示核心风格的授课方式叫作核心活动或主导活动。为确保核心的授课方式不会偏离核心风格,也为了纠正这种偏离核心风格的授课方式,对授课过程中核心活动的评估,构成了构建教育品质管理系统的根本和先决条件。实质上,对于教育品质的管理就是检查重大的教育活动是否存在,以及其发生的次数是否满足了教育改进的根本标准,最大限度地利用了教师个人拥有的独立的教育资源。

(二)高校教学质量监控机制的模式分析

第一,教育质量的监督与管理。在高校中,教育品质的检查被视为一项重要的教育管理任务,而这项任务的执行必须依赖于人员、经济、数据、设备、工作场所的协助。所以,在某种程度上,资源管理就是对于教育品质检查任务的投入。在高等教育中,过程的监控被视为其核心的教育质量评估体系。这种体系的核心在于,通过执行一连串的日常操作,对构建教育品质的每个步骤或阶段进行监测与调整。在这种过程的监测中,重点在于对可能影响教育品质的每个步骤的因素进行深入剖析,从而找出那些起决定性作用的元素,然后执行监测;同时,必须清楚地了解不同层次的教育品质管理部门在这些步骤中的相互影响与联系。

对于教育品质的评估,重点在于对所有可能影响教育品质的因素进行全面审查，包括对学生的评价、对课堂中期和末期的检验、对外界的教育评价、对项目的审计、对学术表现的测试，以及对一整年的审计。这样的评估能够帮助教育工作者了解到教育品质的达标情况，从而能够在适当的时候找到和解决存在的问题，同时也能为教育工作提供有效的改善意见。

第二，教学质量监控过程。高校教育质量监督流程包括策划、执行、评估、优化等各项管理任务。策略设置了对教育品质监督的目标流程及相应的事务布局，它是执行教育品质监督的基础，既是对教育业务效益的准则，也是对教育业务表现的参考。执行是对教育品质的管理，包括设置机构、规定规则、划定职务、清晰职责等。评估是一个建立在教育品质的监督之上，通过对即时获取的与教育相关的数据进行解读以及做出价值决策的流程。所以，评估可以被视为一种衡量结果的方式。在这个管理行为中，教育品质的监测构成一个连续的流程，包括规划、执行、评估、优化以及重新规划、执行、重新评估和重新优化。

第三，教学质量监控媒介。高校教育品质进行监督的方式涵盖了对其进行管理的目标、管理体系、管理机构、管理手段等。这种管理方式旨在设定通过进行教育品质管理所能达到的预定成果，不仅包含整个学校对教育品质努力的整体目标，而且涵盖每个教育环节的品质目标，从更大范围来看，这也涵盖了对教育品质管理成效的品质目标。对于教育品质的管理，其实就是一套涵盖了所有相关管理行为的法律框架。这套管理框架不仅涉及固定的管理结构的建立，而且涉及对教育品质管理行为的实时推进。

第四，教学质量监控主体。在教育品质的监管中，可以看到由专业人士、管理层和学生三方面共同参与的监管模式。这些教育管理机构，在执行教育管理任务的过程中，各自的角色和职责存在一定的交集和重复。然而，他们的关注焦点却存在显著的差异。行政机构中教育品质管理者展示的独特性，可以确保对教育品质的管理得到有力执行，确保教育过程的顺畅和效益以及教育品质的进步。

第三节 高校学生教学管理机制的设计

一、高校教学管理机制设计的理论基础

（一）信息不对称理论

在各种组织内部，管理者常常面临一个共同的挑战，即他们所掌握的信息与被管理者所掌握的信息存在差异。如果管理者拥有与被管理者相同的信息量，那么任何组织的管理都可以简化为其根据所掌握的信息进行适当的奖惩。

在进行教育管理时，高校教育管理存在着信息的不平衡性构成构建教育管理体系的重要因素。这种平衡的信息体现在，在一种相互匹配的教育管理和接受管理的过程中，无论是主导者还是接受者，都能够获取到彼此的信息水平。换句话说，他们各自都清楚自己的知识储备及所处的教育背景。在外在的信息平衡中，常常会遮蔽许多内容，进一步导致信息的失衡。社会的职责划分及专门技能的进步，都是由于不平衡的信息产生的，同时，这也是管理信息行业的一种明显表征。不平衡的信息，是指那些在管理人员和接收人员之间没有达到平衡的相关事件的知识或可能性的分配。

由于社会的劳动力划分，导致管理人员和被管理人员的专业知识有很大的区别，这也就导致他们在各自的信息领域或阶段中，形成各自的信息优点或缺点。这种信息优点和缺点的形成标志着信息的不平等已经由可能的状态转化为真正的状态。由于专业分工的不同，每个人对于自己所属的专业领域的理解都会超过对其他专业的理解。然而，对于其他专业的理解，每个人的掌握程度却相对较低，这就造成了专业信息的优越与不足。

（二）委托—代理理论

委托—代理理论的核心是研究在信息不平等的情况下，如何构建并改进激励和限制系统，以达到最佳的刺激和风险共享的目标。

（三）管理博弈理论

现代企业管理学说里，关于机构的问题被视为关键环节。这个机构的构建主要依赖于两个理念，也就是博弈学说和代理—授权学说。管理博弈理论的

构建依托于博弈论、委托—代理理论，并且采取了管理学理论的引领，利用了激励与约束理论的方式，整合了多样的数学技术、管理策略和技巧，构建管理的激励与限制系统。

二、高校教学管理机制设计的主要内容

（一）高校教学机制设计要解决的核心问题

1. 关于高校教学工作的有序运行问题

关于高校教育运营过程，需要考虑的核心议题有：如何确定教育的发展路径、如何处理关键的教育议题以及如何安排教育的任务。在进行高校教育管理时，主要目标就是消除教育组织中各成员的个人和整体目标的冲突，确保所有的教师和员工都可以尽心尽责地完成他们的教育目标。所有人类的行为，无论是何种，都具备明确的目标，并且都会产生特定的预设效果。预计的行动成效，即我们常说的行动目的。达成此类目的将提供可以满足其需求的物质条件。然而，由于价值观的不同，每个人的行动目的存在着明显的不同，同时，可以满足个体需求的物质条件也相当有限。个人构建的社区，是一个拥有相似目标的团队。这个团队的一致目标被视作集体目标。资源的局限性使得个人目标在一定范围内可能产生矛盾。高校教育管理需要具备让每一位学生的目标遵循教育管理的目的和处理教育任务的主要决定性过程以及处理为了达成教育组织目的所需的策略和技巧的挑选。教师的挑选、课程规划的构建以及课程管理体系的革新，这些都构成了高校课程决定的主要议题。各种决定模式可能产生各种影响。精确规划课程决定模式，是一种能够显著提升高校课程管理质量的途径与工具。在日常的管理中，高校的教育任务分配是一项重要环节。各种不同的任务分派模式，既可能损害到教职员工的个人权益，又可能妨碍学校教育目标的达成。因此，针对高校教育管理部门，挑选出最佳的任务分派策略，将更有助于优化高校教育管理，这就是我们需要在高校教育任务分派策略中寻找的答案。

2. 关于高校教职员工的行为动力问题

解决行为驱动的核心是要找到方法来提升个人和团队的活跃度。这一问题与目标驱动的问题相似，主要是要刺激个人的行为、职业驱动力和团队驱动力。高校教育管理的职业驱动方式拥有其自身的特色，这是由于其并非像

政府部门那样依靠权威承担公众职责，或者像商业团队那样依靠盈利进行市场运作。

在高校运营过程中，必须兼顾责任体系与市场体系。但是，这种体系与依靠权力的公众责任体系以及依靠利润的全面市场体系是截然不同的。在管理科学与经济科学的范畴内，一般将竞赛看作是一种刺激的方法或工具。然而，在高校教育管理过程中，需要明确区分激励与竞争。就激励与竞争这两种方式而言，它们都是为了激发员工的工作热情，增强他们的工作效益，让他们充分利用自身的潜质全身心地投入到工作之中。观察其含义，激励的关键在于引导人们采取特定的行动。观察引导的对象，行动的引导可能来源于领导，也可能来源于共享职责的同伴或伙伴。

3. 关于高校教职员工的行为约束问题

每个人的活动都具备明确的路径。唯有正确地确立路径，才能在职业生涯中获得某种程度的进步。目标设置就是为了确保教育与管理任务的实施，这是基于必须的视点考虑的职业路径问题。尽管如此，在真正的职业生涯里，教师的授课活动和教育领导的指导活动并非总是按照既定的目标进行。个体的自我驱动力和理智的局限，都可能导致教师和教育领导的活动偏离他们原本的目的和路径。因此，必须在真正的职业生涯里对他们的行为进行限制。这种限制的主要意图是确保他们的活动路径始终朝着预定的目标前进，进一步确保教育体系和受领导者自身的基础权益。

针对教师与教育领导的行动准则，能够采取限制与监督两个方面。限制意味着利用特定的环境去推动教师与教育领导的行动达到组织的期望，这样就能增强他们的适宜行动；而监视则涉及监视与管理，也就是真实地观察并修改教师与教育领导的行动。这两个方法的基础目标都是避免道德危害。所以，限制性策略能够进一步细化为限定性策略和监督性策略。在教育管理中，限制性策略主要聚焦于对教师和教育领导人行动产生影响的有力限制元素，并探讨它们如何配合以达到有力限制；监督性策略则专注于探索如何在最低的管理开销中收集到与领导人相关的真实、完整的数据。

（二）高校教学管理机制设计涉及的基本内容

1. 高校教学管理的运行机制

教育管理的操作流程主要涵盖设定教育目标、做出教育决定、分派教育职责的方式。在这些教育管理的目标方式里，关注焦点是如何处理学校教育系统内各种个人、各种教育团队及各种教育团队的教育目标的整合。清晰的目标设置不仅可以激励每一位参与者，而且可以减少运营开销，增强教育运营的收益与效果。所以，将教育目标系统融入其中，将会极大地提升教育运营的效果，同时也将为优秀的教育工作打下坚实的基础。

一旦设立了教育与教育管理的目标，教育领导者需要深入研究达成这些目标的策略、路线、技巧与形态等。在执行教育管理的流程里，达成这些目标有多种可能的策略与技巧。所以，必须从众多的可能性中做出决策，将这些管理的机会变成真正的可能。教育目的与管理目的，除了由个体的利益所推动之外，还会受到教育价值观及管理思想的影响。各种不同的教育价值观及管理思想会塑造出各种各样的教育与管理的目的。

2. 高校教学管理的激励机制

教育管理的激励策略专注于探讨如何提高教育系统中每一位成员的教育活动及其管理热情。根据被刺激的对象不同，把它们划分为刺激策略与竞赛策略。因此，为了唤醒教师和教育管理人员的工作热情，高校管理者应该深入理解他们的需求。

3. 高校教学管理的约束机制

教学管理约束机制主要关注如何预防和纠正个体行为和组织行为在教学过程中可能出现的道德风险和目标偏离。随着高校规模的扩大，教学质量监控问题逐渐受到人们的重视。在小规模教学系统中，教学质量监控可能通过传统方法实现；而在大规模教学系统中，传统监控方式可能难以达到预期效果。同样，对教学行为的约束也面临类似情况。高校教学行为受到外部和内部因素的约束，如国家的高等教育法律法规与政策、学校的规章制度以及社会舆论和学生的监督。如何有效整合和协调这些约束因素，以共同推动高校教学质量的提升，是教学管理约束机制需要解决的问题。

第四章　教学信息化管理

第一节　教学资源管理信息化现状

一、高校教育信息化的发展进程

随着信息技术的持续进步，我国已经步入信息化时代。然而，在教育领域，信息化建设尚处于发展阶段。为了应对这一现状，教育部强调了高校教育信息化建设的重要性与紧迫性，并做出了相应部署。各地区高校纷纷响应，逐步推进各项信息化建设工程项目，同时提出了各种关于高校信息化建设的设想与方案，如校园网、数字化校园等。尽管这些设想与方案各有侧重，但在实施过程中，需要充分理解它们的内涵，以便对高校教育信息化形成统一的认识和理解。

校园网是借助网络技术与计算机的基础上，为保障学校教学而构成的一种服务型应用系统，为高校提供教学、科研、管理等方面的支持，实现资源共享、信息化交流等资源服务。作为网络系统，校园网更侧重高校网络平台上的建设。

数字化校园就是把与学校教学所有相关的信息资源进行整合，在借助计算机与网络技术的基础上全面实现数字化，并通过科学的管理方式对信息资源进行统一管理与控制，将学校全面建设成直接面对社会的一种虚拟高校。这种新型教育模式给学生提供了自主选择的学习环境，从而促进学生个性化发展。数字化校园在很大程度上提升了传统校园的教学效率与管理效率，使校园一切活动全面实现信息化。不同于校园网的概念，数字化校园的概念不仅体现在硬件设施建设上，而且包括教育教学管理、生活服务等方面的建设。从概念上讲，数字化校园的内容要比校园网更为丰富、广泛，更注重学校的功能与状态。

"信息化"一词意味着信息科技的教育运用。在我国，自20世纪90年代开始，互联网科技的广泛应用，使得信息科技与社会进步的联系日益紧密，因此，人们更加重视信息科技对社会进步的作用，"社会信息化""信息化社会""信息化社会"等新的词汇相继涌现。"教育信息化"这个词汇，在高等教育领域，被视为推动信息技术发展的关键因素。

二、地方高校教育信息化建设现状

教育的现代化已经通过信息化来实现，这是教育进步的必然选择。IT的革新正在对教育的各个部分产生深远且重大的影响。然而，部分地方性高校教育机构在教育信息化的进程中相对落后，发展速度稍显缓慢。地方高校应该把握这个具有历史意义的契机，坚信教育信息化是在信息化时代中高校学生存、成长和竞争的强大工具，并且要增强对教育技术的管理，以推动高校的教育信息化建设。

（一）信息化建设人力资源缺乏

根据国内有关机构的研究，一些管理者对教育信息化的观点并未完全领悟，也没有清晰的教育信息化发展路径。现代教育技术的管理者们没有得到适当的理论引领，使得学校的教育信息化管理依然偏重传统的方法，效益相当有限。构筑工作的品质直接关系到学校教育信息化的进步。所以，加强管理层的信息化能力已经变得至关重要。

要想增强教学品质，赢取学生的赞誉，需要给予教师必要的资源，增强他们的信息科技知识和操作能力；需要对所有的教育资源进行全方位融合，深入探讨教育的理念，并将其付诸实际的教学活动，以便让信息科技能够在教学过程中起到预期的功能。唯有增强学校管理者及教师的数字化素养，并积极投身于数字化建设中，才可以真正地应对数字化建设中的人力不足。

（二）投入与产出效益比例失调

教育信息化的进程中，大家都非常看重技术的应用，并且专注于寻找技术的解决策略，然而，对于技术投资成本的考虑却相对较少，同时，对于技术的实际应用和其可以带来的影响，人们也并不太了解。人们只关注了降低教育开销的可能性，并未对学生的学习效果进行深度研究。此外，教育信息化的其他领域同样存在许多挑战。由于许多疑虑尚未完全解决，许多项目急于启动，可能导致许多项目停滞甚至空白。这样就造成了投入巨额资源搭建的学生网络不但未能最大限度地发挥其作用，而且其使用效果也相对较差。随着时间流逝，许多信息技术设备也开始衰退，无论从实际应用性还是其价值观方面，它们都显著降低和削弱。部分院校在进行本科教学的合规性检查时，斥巨资创办了多媒体教室。然而，一部分院校80%以上的教室都配置了多媒体设施，导致资源过度消耗。甚至一些课程既无法使用多媒体进行授课，又必须使用多媒体进行授课，增加了教育的开销。

另外，依照教育目标来挑选适合的教育工具，如黑板、图片模型、投影仪、电视、录像、多媒体等。在一些特定的课程中，如计算机辅助设计、各类应用软件、机械绘图等，利用多媒体的方式会更有效；然而，在高级数学和高校物理的教育中，以教师的讲述为核心，借助计算机进行教学。现在，许多年轻的教师将所授课程转化为数字讲解和幻灯片，其中大部分都是以文本形式呈现。在授课过程中，教师使用无线话筒传递信息，没有采取任何形式的媒介策略来改善教学环境。然而，教学效果并不理想，甚至可能导致学生的反感，从而降低教学质量。虽然投资较大，但是收益却相对较小，错误的使用方式也对学校的教育信息化进程造成了阻碍。

（三）网络的应用效率不高

随着高等教育的持续发展，学校规模的逐渐扩大，各高校对于资源共享的需求日益增加。实现信息化网络系统已经变成高校建设的重中之重，同时也是教育信息化建设的紧迫任务。这不仅对提高教务管理效率具有重要意义，而且表明加强学校网络建设非常必要。

为了实现这一目标，高校需要在资金方面给予一定的支持。高校教务管理系统能够整合各类信息资源，实现信息共享，从而在很大程度上改善教学功能，提高教务管理水平和效率。例如，教务管理系统可以融合智能代理技术，借助智能代理技术的帮助，更有效地管理各项教学管理工作，同时让教师能够采取多种形式的教学活动，大幅改善教学条件。此外，学生可以通过智能代理技术更便捷地查询相关信息。然而，在推进信息化建设的过程中，网络的安全性同样重要。它直接关系到教务管理信息系统的安全性，包括学生成绩查询和学生课程密码等方面。因此，在信息化建设过程中，高校必须高度重视系统的安全性，加强系统安全性建设，确保各项教学活动得以顺利进行。

三、地方高校教育信息化建设存在的问题

（一）思想认识不到位

当前，高校教育信息化的发展进程遇到一些难题与困难。一方面，一些高校对教育信息化的关键性并不十分理解，并未把它当作一个核心任务去推动；另一方面，虽然一些高校已经尝试在教育信息化上做一些努力，但是并没有设立一个专门负责教育信息化的领导决策团队，也没有制订一个完整的教育信息化发展计划。此外，部分高校对教育信息化的应用过度依赖于教育管理信息化，而对教育信息化的关键步骤却疏忽不顾，这样的偏见必须改变。一些高校在信息化的组织架构和人力资源配备方面存在问题，造成信息化团队的短缺，这同样成为高校教育信息化进步的一个关键障碍。

（二）资源建设严重滞后

教育信息化的目的是实现教学信息化，而教学信息化需要依托各种信息资源，信息资源是教学信息化的重要前提，更是教学信息化的基础，因此，进行信息资源建设是十分必要的，但就目前来看，我国高校信息资源建设存在明显不足，首先，教育行政部门没有充分发挥自身职能进行有力的指导与协调；其次，在信息资源建设过程中，没有设立的统一的标准，重复建设较为严重，这为日后的兼容问题埋下一定的隐患；最后，各个高校之间缺乏有效沟通与交流，在信息建设上各自为政，不仅严重阻碍了信息化建设进度，而且在一定程度上分散了信息资源。

（三）配套的政策支持缺乏

教育信息化不仅可以使信息资源达到共享，而且可以使高校实现开放化办学。而就当前而言，现有的高校体制一方面处于封闭的办学状态，高校间都有着各自较为封闭的办学体制，资源共享使得各校之间、教师个体之间所存在的利益关系尤为紧张，各校之间、教师个体之间利益调整问题不仅有待解决，而且迫在眉睫，这就需要对应的配套政策给予一定的支持；另一方面，如何评估教师的教学质量，才能充分体现信息化教学要求，这就要求高校既要建立完善的评价体系，又要创设一定的奖励机制，这不仅是衡量教师信息化教学质

量，而且是对教师信息化工作的一种肯定与奖励，需要深入研究与探讨。

（四）经费投入不足

教育信息化的实现是一个极其烦琐的体系工程，它既涵盖了硬件与软件的基本构架的搭建，也包括了信息资料的研究。在初级阶段，教育信息化的成本比较高，所以必须得到充分的经济援助。然而，目前我国高校教育机构的运营经费通常偏紧，在很大程度上限制了高校的教育信息化建设。

（五）师资队伍水平有待提高

教师作为教育信息化的执行者，其队伍的素质要求较高。然而，在我国高等教育的教师队伍中，尚不能完全满足这些新要求。教师的传统教育观点已经被深深地改变，接纳新的思维模式需要花费一定的时间。而教育信息化也为教育工作者的知识体系、全面素养、信息化技巧设定了更为严格的标准。教师必须拥有良好的信息认知，善于把互联网上的最新信息与课本中的信息进行融合，不断地获取并熟悉自己所在的领域及相关领域的最新发展，利用这些最新的信息拓宽学生的眼界，激发学生的想象力。同时，教师还需要具备强大的信息获取、存储、处理、筛选和利用能力以及运用信息技术手段创新组织教学活动的能力。因此，高校需要加强教师队伍建设，提高教师的信息化素质和能力，以满足教育信息化建设的要求。

第二节　教学管理与高校教学管理

一、教学与高校教学的关系概述

（一）教学与高校教学

1. 教学

教学作为教育学的基本概念看似简单，实际上却具有很高的复杂性。教学的核心目标在于帮助学生掌握知识，这是教学活动直接达成的目标。在这个过程中，师生双方进行广泛的交往和互动。有学者从学术的视角阐述教学的定义，强调了教学活动的独特性。从实际操作的角度来看，教学是学校教育的基础活动，它最能揭示教育活动的本质和特性。

教育的核心环节就是教学。全球范围内，众多的教育专家与学者都是从他们的教学经验中研究并分析各类的教育理论与实际问题。对于教育和周围环境的联系已经由封闭式逐步过渡到开放式。这意味着教学活动不再仅仅局限于课堂内，而是与外部环境产生更紧密的联系和互动。在教学活动中，信息传递途径的理解也从单一性逐渐转向多样化，这表明教学过程中可以采用多种方式进行知识传递和交流。此外，教学活动的组织形式也发生了重大变化。随着教育技术的发展和教学方法的创新，教学活动可以采取更加灵活和多样化的形式，以满足不同学生的学习需求。理解各级教学活动的特性，也从对普遍性的简单理解转变为在普遍性的基础上对特殊性的理解。这意味着教学过程中需要因材施教，针对不同学生的特点和需求进行有针对性的教学。

2. 高校

高校兼具传统与现代特质，其形态、构造和职责都反映了时代的特点。在传播、选择、创新和整合人类文明的过程中，高校发挥着独特的作用，其角色无可替代。与其他组织，如政府与企业相比，高校具有显著的区别，这主要体现在其教育性和学术性上。

高校通过教学、科研、社会服务等基本任务，履行其社会责任，展现和创造其自身价值。高校不仅是一个教育机构，而且是一个研究深奥学问、传播高层次文化、培养高级人才的学术场所，体现了科学上寻求真理、道德上追求完美、艺术和文化上追求极致的精神。

3. 高校教学

教学在高等教育中占据基础性地位。与普通的中小学教育相比，尽管高等教育教学过程的核心元素，如学生、教师、教学内容和教学方法等，在教学过程中的互动方式和结构有所差异。这些差异源于同样的元素在不同结构中的互动，从而产生独特的互动特性，并形成各元素间的特殊矛盾关系。高等教育教学过程具有鲜明的特点，包括专业性、探索性和实践性。专业性体现在教学内容聚焦于特定学科领域，为学生提供深入的专业知识和技能；探索性是指在教学过程中鼓励学生主动探索、发现问题和解决问题，培养其独立思考和创新能力；实践性则强调将理论知识和实际应用相结合，通过实践教学环节，提高学生的实践能力和综合素质。

（1）高校教学过程具有鲜明的专业方向性

教授高等知识的流程就是一种对专门技能的塑造。随着学生的成熟，这种技能的深度也将相应地增加。这种属性正是由于高等教育的主要宗旨就是培育出优秀的专门技能。虽然不同种类的高校及各种课题的专业在技能塑造的规范上存在差异，它们的教学主题、教学模式、教学工具都具备独特的风格，但是专门技能一直都是它们的一种共通之处。从全球的角度观察，不论何种级别的高校，其课程安排始终是为了培养出具备特定技术的人才，所有的教学流程与管理活动也都是根据这些专业技术的要求进行的，这样一来，毕业生在毕业之后，只要度过一段时间的职场适应期，就可以胜任特定的专业任务。

（2）高校教学过程具有很强的探索性

对于其他等级的高校来说，高校教育不仅要灌输既定的理论，而且要承载寻找未知领域并提升学生创新思维的责任。因此，高校的教育流程涵盖了教育和科研两个方面，两者之间存在着紧密的联系。高校教育方式的探索性同样受到高校旨在塑造创新型高端专业技术人才的教育目标的影响。

（3）高校教学过程具有较强的实践性

高校教育的核心使命在于塑造出拥有优秀职业技能的专门人员。为达成此愿景，高校课堂教学应当充满专业操作性。不论是理论型还是工科类的高校，其承担的教学责任都是一样的。

在高校，教育活动和其他阶段存在显著差异。通常，初级阶段的教育活动被视为方便教育而进行的简单操作，其核心任务在于传递先前研究出来的信息或者确认已经掌握的知识。初级阶段的教育活动更贴近于真实生活和职场，并且拥有明显的专业指引。在确认现有信息并灌输理论的同时，高校教育活动也肩负起确认学生构思的责任、收集直观体验，并且致力于提升他们的职场操作技巧。

高校的教育方式远超一般的初级学校的教育，其实施过程要求较高。这种方式不仅包括课堂授课，而且包括自主学习、科学研究、社会实践等各种步骤。目前，虽然一般初级学校正在逐渐强调对于社会实践、探索式学习的关注，但是这些都无法完全替代高校的教学方式及其具有的探索性和实践性的独特性。因此，高校教学应更加注重培养学生的实践能力，以缩短教学与社会实践的距离，顺利实现从职前教育到职业实践的转变，并缩短职业适应期。

（二）制度与高校教学管理制度

教育体系和高校体系是体系（或管理体系）的次级概念，高校教学管理体系则是体系和高校体系的次级概念。在探讨高校教学管理体系问题时，首要任务是对体系、教育体系和高校体系等基本概念的含义进行必要的定义。

1. 制度

制度的本质特征在于其规范性和强制性。国外有关学者将社会规范系统划分为强约束力和弱约束力两类，特别突出法律制度作为社会规范中最具约束力的部分。除了法律体系之外，所有的公共体系都拥有一样的外部强制性。

除了外在的约束力之外，制度还具有内在的约束力和权威性。这种权威性不仅体现在维护人们的权益、自由、利益、地位方面，而且反映了人们的共同价值观和道德观念。因此，制度能够得到人们的自觉遵循。在规范性方面，无论是法定的制度还是习惯性的制度，都具有较强的约束特征。这种约束通常由制度制定机构的权威性（国家）或制度在长期形成、维持过程中积累的权威性来实施。要成为制度，必须经历一个"制度化"的过程。国外有关学者从动态角度进行制度分析，提出了"制度化"的概念。各种价值取向的参与者之间的交流过程中，会慢慢形成一致的规则，并且形成一种"规范"的交流方式。这种规范的形成，表现为"特定地位的参与者之间相对稳定的交流方式"。这个体系的规范性构成了社会体系理论的核心。

有学者从组织的角度，对制度化的概念做了深入阐述。一个组织如果能够有效地吸引并赢得成员的信赖，并且能够高效地达到预期的目标，同时也能被更多的社区所接受，那么它通常可以在一个相对稳定的框架内，遵守一套完整的目标和价值观，建立起一个有序的运营模式，这便是制度化的具体表现。制度起源于人类的实践活动，它的产生并非源于纯粹的观念，而是在实践活动之前。然而，制度与一般实践活动不同，它产生于人们对实践活动价值的认识，是对未来实践活动方向的提议或规定。因此，制度总是特定思想、观念和理念的体现，涉及一种观念、理论或思想。

随着社会发展的不断推进，对观念、理论或理念的依赖性日益凸显。因此，制度化实际上涵盖两个层面：其一，将一些在小范围内进行的实践活动经过评估和确认后，扩展到更广阔的领域，影响更多人的实践行为；其二，将一些观念、理论或理念规范化，以建立、调整或限制相应的实践行为。通过这个系统化的流程，我们能更深入地理解和掌握制度在组织和社会中的关键影响。制度不仅能够规范和引导实践活动，而且能够促进组织和社会的稳定和发展。

教育体制涵盖了全国所有层次的教育管理部门，包括公司与事务性组织，其中包括教育管理部门的建立、职责归属、权力的界定等一系列结构与规章。透彻领会这些定义的差异性和关联性，能帮助我们更深入地掌握体制在现实生活中的运用和影响。

2. 教育制度

教育系统的核心在于：首先，基于国家的特点设立的一连串教育目标和计划；其次，各种教育机构的组织架构。这个教育系统广泛地覆盖了早期教育机构、各级学校及其他教育机构、成人教育机构、校外青少年教育机构，还有各个层次的教育管理部门等。教育体系中，学校教育体系占据了一个核心位置，其内容涵盖了学校的特性、目标以及不同等级学校间的连接、学习氛围和课程设置。国家教育体系也被称为一个包含众多教育机构的网络，它的运作受到特殊的社会政策、经济状况、文化背景与学生的个人发展特征的限制，其主要目的就是达到教育的预期效果。一般而言，教育体系的结构有两种：一种是得到了社会的承认，根据相关的法律法规进行设立的合法的教育体系；另一种是根据社会的日常需要，自然而然地形成并且稳固的传统的教育体系。

高校教育体系是整个教育体系的一个组成部分。近年来，国内学者们逐渐关注起这个领域的研究，并将其作为主要的研究课题。然而，从目前的研究数据来看，公众对于这个教育体系的认识仍然不够一致。有学者认为，高校制度通常可以被视为大型的和小型的两个维度。大型的高校制度涵盖了一个国家或者地区的高级教育框架，如高校的治理结构、融资策略、教学设施等；小型的高校制度则涉及高校的内部组织布局和操作手法，如对组织布局的阶段性划定、内部权限的设立等。

3. 高校教育管理制度

教育管理制度对保持教学流程、唤醒学习兴趣、增强教育水平、提升管理效能起到了决定性的影响。在高校教育界，对于教育管理制度的诠释存在多种看法。例如，教育管理制度被认为是衡量学生学习行为的数目与质素的机制，主要涵盖年级制与学分制，也就是年级制、学分制、年级学分制三种类型。从两个主要的制度学年制与学分制来看，这种解释是恰当的。但有不同的看法，即教育管理体系的设立，主要目的在于增进教育监督、维护教学的有序性、提高教育品质。它包括各类教学法规、准则、指导原则、操作指南、纪律要求等。教育管理者、教师、学生都应当严格按照这些法规进行，它们构成了教育管理的核心框架，并且为推动教育管理的科学性和教务活动的标准化打下了坚实的基础。与之前的阐述相比，此种诠释更具逻辑性，也更契合我国学校教育管理制度的真实状态。

在特定的教育理念指导下，高校教育管理体系应运而生，其目标在于实现人才培养目标。这一体系全面覆盖高校教学活动，进行计划、组织、协调、控制和评价，确保教学活动有序进行。教育机构的教育管理制度不仅设定了执行高校教育及其相关管理任务的核心流程和准则，而且扮演着协调高校教育领导人员、学生、教师、高层领导人员、基层领导人员的职责，以便让所有参与者都能平等协作，共同致力于提升教育水平。此外，高校教育管理体系还充当着高等教育管理思想、观念和理论向高校教学管理实践转化的桥梁，使理论与实践相结合，共同推动教育管理的发展。同时，高校教学管理体系也是高校教学与教学管理改革成果的固化和展现形式，体现了教育改革的价值和成果。高校教育管理体系是确保教育品质、激发教育活力、维持教育秩序的关键手段。在高校教育与管理过程中，教育管理体系发挥着规范、引导、激励等多重作用。其主要功能包括：整合教育需求，配置教育资源，协调教育活动，规范教育行为，整合教育元素，评估教育效果，激发和维护师生的积极性。教育管理体系改革是高校教育与管理改革的重要环节，是高校教育基础设施和常规管理的基础。目前，我国高校正在积极地推进本科人才培养模式的改革。而为了适应这种新的培养模式，需要新的教育管理体系与之配套。

二、高校教学管理制度的主体与客体

管理流程是建立在特定的操作活动之上，由领导者和接受者共同参与的。在高校教育管理体系里，领导者和接受者彼此交织、相互影响。高校教育管理体系需要根据对于学校（高级领导）、各个学院（基层领导）、领导者（包括学院）和接受者（教师和学生）关系的准确了解来规划和布置。所以，研究高校教育管理体系中的主要参与者和次要参与者的特质及他们之间的联系，是解读高校教育管理体系中隐藏的根本冲突的根源。

（一）两种不同的管理主体观和管理客体观

在所有的经营行为里，经营者和被经营者之间存在着相互矛盾的联系。经营者是拥有某种经营技巧且参与经营行为的个体，包括不同层次的领导者和不同层次的经营者。所谓的管理对象（受控对象），就是那些参与到管理过程的个体（物质、时间、信息等非人类因素）。在执行管理任务时，根据具体的环境和区间，管理对象和受控对象之间存在明确的边界，他们的角色也大相径庭，管理对象处于引导的角色，而受控对象处于接受的角色。

然而，在执行管理任务时，负责管理的个体（领导者）与被负责管理的个体（被管理者）之间有着密切的联系。这两个个体都有其独特性，并且彼此之间有着约束，如果缺少其中任何一个，其他个体就无法独立存在。那些参加管理任务的个体，并非仅仅是自然界的实体或生命实体，相反，他们是社会关系的反映，也是社会生产力的综合体，根据自身身份，以及自身的目标，去塑造、创新并适应周围的环境。显然，管理过程中，管理者与被管理者之间的交互作用，既是对人类特性的深入研究，也是对人类特征的有效实践。因此，管理过程需根据人类特征及其特性进行配合和约束。在这个过程中，真正存在两种不同的管理方法：管理者的管理方法与被管理者的管理方法。

在实施客观化的管理方法时，管理者只将被管理者看作是实际存在的对象，因此，他们与被管理者的联系完全取决于实际存在的对象。此类方法的管理流程呈现出从高层到底层的一贯性，被管理者则被忽略。以实物为中心的管理方法构成了一种严格的管理方法。实物主导的管理方法意味着，领导并非只看待被领导，反而认定他们是拥有实物权利的独立实体。在这种方法中，管理者和被管理者均享有实物的权利，两者的联系就是实物与实物的联结。管理流程涉及管理者与被管理者的共享、配合及双方的整合，这种方式通常被视作"参与式管理"。以个人为中心的管理模式是一种灵活的管理方式，可以达到管理者和被管理者的整合。现代的社会管理、现代的教育属性及学校的组织属性等多种要素都决定着学校的管理行为需要采用个人化的管理方式。此类经营方法着眼于人的核心，深入洞察其所需，鼓舞其活力，同时也尊重其独立思考的权利，并且将个体的愿景与集体的愿景融为一体。只要做到人文关怀与科技化的融洽相处，就能达到工作逻辑与价值观念的完美融合。所以，现代教育机构的运营方法对其来说是至关重要的。

（二）不同管理观支配下的高校教学管理制度

在高校教育管理中，遵循特定的规章制度、流程及手段，协调在教育过程中的各种资源，如人力、财力、设备、时间、信息。这样做的目的在于创造出一个较为平衡的教育环境，激发所有教师与学生的热情，以达成教育目标，同时确保并增强教育的品质与效益。在各种管理主体与客体的影响下，高校教育管理系统展示出各自独特的性质。

高校教师与学生的定义与常规的管理者的定义并无差别，但是他们的定义与教育过程各个时期的教师与学生的定义大相径庭。高校教师在其价值取向、行动模式以及处理管理问题的立场、适应管理的技巧等各个层面都展现出独特的个性。高校教学管理体系就像一个建立在管理科学之上，并且由高校教学这一独特的管理行为构建而来的一个自我体系。深入理解并熟练运用这种特质，将会对改善教学管理的法律法规，增强教学管理的效率产生重要影响。

三、高校教学管理体制下的集权与分权

在管理过程中，集权和分权构成了一对核心的冲突。对于高校教育管理来说，这种集权和分权的冲突是解决学校（高级领导）和院系（基层领导）关系的一个基础性问题。主要的问题在于如何合理地区分校部（教务处）和院系在教育管理方面的职责和权力，实现学校在本科教育管理方面的整体策划、规划、协调和指导等功能，同时也尽可能地确保院系在本科教育管理方面的独立性。

（一）集权与分权的一般理论

管理层次包括宏观、中观和微观三个级别。每个级别都有其独特的任务和职责。为了确保一个组织（或系统）能够有序且高效地运作，需要对每个级别的管理职责和任务进行划分，构建一个职责、权限和权力相互联系、相互衔接的完整体。这涉及管理过程中的一个关键议题，即权力的分配问题，也就是集权与分权的问题。

1. 集权

集权的概念分为宽泛的和严谨的两种。宽泛的集权意味着把政策权利聚

焦于中心机构；严谨的集权则涉及在行使职责时的全局性统筹。在行使职责的过程中，集权不仅带来了积极的效果，而且带来了消极的效果。集权化是达到集中领导、统筹管理和统一指挥的核心手段。对于诸如规划政策、建立各种功能机构和挑选重要的领导者等重大议题，集权化起着重要作用。它的出现可以保证决策的专业化。所以，集中管理的特点是高效性与统一性，这对整个系统的协调和命令的实施都大有裨益。但是，当集权行为超越了某个规则时，可能会引发一些问题：过分的权力集结可能让管理变得过于死板和僵硬，这样的状态不利于解决各类冲突和独特之处，也会妨碍员工的独立思考和积极参与；同时，过分的权力集结也可能让基层领导者难以解决其所在领域的问题，从而给他们的业务带来消极的影响。

2. 分权

权力分散是指高级机构把一些关键的决策权转交给了下属机构，从而达到权力的分散。分权的优势包括：减轻了高级管理人员的工作压力，让他们有更多的时间和精力去解决关键的决策问题；刺激了下属机构的积极性，让他们的创新能力和智慧得以展现，从而提升了工作效率；弥补了管理人员个体的短板，借助他人的优势，达到了优势的互补。分权的劣势包括：过度的集中权力可能导致员工的主观性和独立性过于突出，进而导致各自为政和本位主义的现象，并最终导致管理体系的不平衡和混乱。因此，只有将集中权力与分权相结合，管理任务才能取得正面的成果。

3. 集权与分权

授权是集权和分权的关键。所谓授权，是指上层对下层施加的职责和权利，以便他们在上层的指导和监管之下，能够更为独立地处理相应的事项。如果上层对下层的职责和权利过多，就属于分权；反之，就属于集权。所有的管理体系都离不开授权。通常，集权与分权的深浅会受到组织的规模、决策指挥中心的掌控力量与管理人员等多个要素的影响。首先，集权与分权的范围取决于组织发展规模。当组织规模较小时，权力可以相对集中，采用集权管理；而当组织规模较大时，则要求权力适当分散，采取分权管理。其次，权力的集中和分散的界限是由权力与整体工作的联系程度决定的。所有与整体工作紧密相连的关键权力，都应该被集中到组织的最高领导层，以确保组织能够协调一致地达成总体目标；对于那些不会对组织活动全局产生影响的权力，必须坚定地进行分权，减少组织最高领导层的工作压力，让他们能够专注于处理重大事务，更好地发挥基层管理者的潜力，提升工作效率。再次，领导层的权限集中或分散，主要依据其个人的品格、技术及能力。如果管理环境一致，且领导层的技术和能力更优秀，那么实施权限集中制更为恰当；而若不然，则更倾向于实行权限分散制。最后，权限集中或权限分散的选择也需考虑到下属的技术、能力及对上层机构的信任度等多方面的影响。例如，当发生意外事故或紧急情况时，领导者应当及时授权。

（二）学术管理要求体现分权的理念

集权与分权各有其长处和不足，应当依据组织的性质、规模、上级和下级等因素确定。高校本科教学管理适合采用分权模式还是集权模式呢？这需要对高校组织的性质、知识（学术）管理的特点、学术组织决策的成本等因素进行分析。

1. *高校组织的性质和特点要求分权管理*

尽管教育组织拥有鲜明的分级体制、职责、运营流程，但是这些组织并不像人们通常认为的那样，拥有一致且精准的目的，其技术途径明了，流程严谨，每个疑难问题的解决方法都是独特的。事实上，教育体系的混沌状况大大超越了秩序，不同部分的关联性也比较疏离。有的学者将这类机构称为"松散的结合系统"，也有学者将其称为"有组织的无序状态"。这些学者认为，高校这种松散集合系统具有以下基本特征：组织目标不明确、组织结构不稳定、组织运行不规范、组织管理不确定、组织决策难以规划。国外有关学者对松散融合体的属性做了深入的总结，包含以下关键点：组织的目的尚未明晰，对于组织的管理工具和流程的认识尚未明晰，组织的架构、成员的自治能力和独立性尚未确认，组织的架构也存在疑问。随着专业化水平的提升和规模的扩大，组织的内部操作也会变得更加混乱。在组织的管理过程中，参与者的流动性增加，组织的决策过程变得模糊，而且决策的无序性也日益凸显，更加重视分权的优点。

高校教育机构的运营不仅具有学术特征，而且具有行政特征。从一定角度来看，高校教育机构的运营更倾向于学术特征，注重权力的分散与民主的发展。所以，作为一种学术运营策略，高校本科生教育运营更符合采用分权制。随着知识的逐渐细分与刷新，实施分权管理的价值越来越明显。借助于这种分权管理，我们能够更有效地适应知识界的持续转型，推动学术探索的兴盛与扩大。

2. 知识的不断分化和更新要求实行分权管理

对于有效的决策，需要具备足够的相关知识。如果决策人员具备更多的相关知识，那么他们的决策效果也会更好。知识被划分为特殊知识与普通知识。特殊知识是那些在信息传输或流动时需要付出更大的代价的，而普通知识是那些需要付出更小的代价的。决策过程中，各种组织、各种情况、各种环境的特定需求，导致专业知识与通用知识的总体数目及其差异。

在这个科技迅猛发展的时代，知识和信息的更替与分化日新月异，使得学术组织的决策过程愈发复杂。由于每个决策者的认知和智慧水平有限（即"有限理性"），他们无法掌握决策所需的所有知识和信息，尤其在学科门类丰富、规模较大的高校中。因此，校长及其他高级管理人员很难在各个领域、各个学科中获得"学术权威"的地位。如果这些管理人员对于他们并不了解的学术问题做出集体决定，那么由于缺乏相应的专业知识和信息，就会违反学术活动的原则，从而引发决策错误，最终妨碍学术的进步。为了实现最佳的决策成果，高级管理人员应当在公司内部妥善地划分和转让决策权，以便让决策权与可获取的信息相符。因此，高校学术管理应当参考分权管理的观念。

3. 高校教学决策的成本特点要求实行分权管理

根据现代管理学与组织学的观点，集中与分散的水平取决于决策的花费。决策的全部花费包括因为目标的差异而产生的花费（也被称为"目标花费"）以及因为信息的匮乏而产生的花费（也被称为"信息花费"）。当处于极度的集权状态时，目标的花费是零，信息的花费则相当昂贵；当处于高度的分权状态时，信息的花费相当少，目标的花费则相当大。为了找到集权和分权的最佳平衡点，必须平衡信息的花费和目标的花费，将它们的总花费降到最低。由于高等教育的学术属性，它的两个关键特征在决策成本方面是相互关联的。

第一，高校教育和科研工作主要依赖于它们的社会功能。这些工作都充满了深厚的学术价值和专门的领域。经过多年的专业课程的授课和研究，教师们已经逐步塑造出了他们对某一专业的独特应对策略和思考方法。他们极其关注自己所在领域的知识进步与学术架构的转换，通常把深度理解这些领域的知识与架构作为最主要的工作。他们通常会更积极地遵守专业与学科的内部原则，而不是仅仅依赖于行政管理体系；同时，他们对于这些专业与学科的信任也往往超过了对于行政机构的信任。所以，高校教育机构的管理人员应该高度关注这些专业与学科的权威性，并且尊重这些专业与学科的发展原则。尽管如此，随着知识的持续刷新、学科的持续细分，每个人仅能获得某些特定领域的局部知识。面对陌生的专业或学科的学术议题，如果高校的主管或管理层过于集中，将可能触犯到教育和科研的法则，从而引发决策的错误。如此一来，有可能会引发教师的反感，导致相应的决定无法实施，也无法实现预设的目标。所以，高校教育管理决定的数据消耗比较昂贵，特别是在学科种类繁多、规模庞大的高校，这一点更加突出。

第二，高校教学决策的目标成本相对较低。高校教育机构主要注重学术研究和非商业目标，因此，它们与公司严格的层级制度和盈利模式有着根本的差异。高校教育机构及其相关部门并未将盈利视为首要任务，他们主要从事人才培育和科学探索；尽管他们承担着"社会服务"的角色，但主要依赖于知识产出和智慧。在高校的各个部门，如院、系、所，中级和基础性的决策通常都会根据知识进步和学术进步的实际情况来做出。因此，在高校的各个级别，学术管理的目标通常都是相同的，并且目标实现的费用通常较低。换句话说，在执行了教育决策的集中化之后，通常情况下，高校学术管理目标的差异并未导致过高的决策开销。

（三）高校教育管理体制下集权与分权的协调

高校教育管理方式是一种以学术为核心的方法，强调以"学术导向"为主导，注重专业领域的内在规律和知识的权威性。然而，由于其决策的信息成本较高，目标成本较低，因此，高校教育管理应该实行分权管理，建立高校教育管理制度需要体现分权的理念。

当人们面临如何管理高校各个层次的问题时，一个聪明的做法就是采取分权的方式。这种方式既适应了高校这样一个宽松的架构系统的工作模式，也揭示出高校内部的学术活动的独特性。

依照集中管理的准则，高校教育机构的主管和功能单位需要强调对每一个学院的授权。这涵盖了允许熟悉该专业或者学科人员独立处理该专业或者学科的任务，同时也允许那些与教师或者学生关系较好的学院负责设立该学院的教育方案。对于那些包含各种学科、学生人数庞大的高等院校，尤其是那些设立了许多校区与校园的高等院校，执行分级的本科教育管理显得尤其重要。

在高校本科教育中，实行分权制度的做法具有以下几个好处：一是可以减轻校长及所有功能部门的负担，给予他们足够的空闲时间来深入思索并解决重要的教育决定；二是为每个学院授予了对应的权限，不仅激发了他们的热情和创新意识，而且进一步提高了管理的效率与收益；三是可以填补高层领导及其他管理人员在某些方面的专业知识缺口，从而更好地利用学校及教师等学术界的影响力。值得注意的是，这种方式同样具备某些缺陷。若超越此范围，可能会导致"失控"的状况。

总的来说，在高校教育持续扩展、各个学科专业日益细分，以及高校的校区和校园数量持续增加的情况下，更应该重视并实施分权的本科教学管理模式。这样做既能提高效率，也能更好地满足实际需求。尽管我们强调教育管理需要实行分权制度，但是也不应该忽略学校部门和其相关职能部门在整个学校的教育活动中的协调、策划、监控和评价等功能。如果没有这些，高校就会丧失其作为标准化机构的基础。在进行本科教育的管理结构调整时，确保学校一级能够进行整体的、策略的、宏观的教育任务，各个部门能够拥有较为丰富的独立决策和自由，从而激发各个部门及所有教师和学生的热情与创新精神。总的来说，需确保高校教育机构能够执行"掌控式的管理"，并确保各个学院能够进行"推动式的管理"。

第三节　教学管理自由理念的体现

在高校教育管理体系中，控制与自由的冲突主要揭示了管理者与教师、管理者与学生的关联。换句话说，教育管理体系需要处理这样一个问题：既确保教师的"授课"权利，也需要对教学流程进行有效监督，以达成学校的整体教育管理目标。

一、控制与自由的一般理论

控制与自由这一对基本矛盾贯穿于管理过程的始终。古典管理理论中的控制理念源于科学管理法，以提高劳动效率为核心问题，寻求用科学的管理方法替代传统的管理方式。管理者应通过制定明确的规定、条例和标准，实现管理的科学化和制度化。

现代管理科学突破了传统管理理论中关于"经济人"和"社会人"等人性假设，转而重视人的自主性和自我实现的需要，将人视为"自我实现的人"和"复杂人"。人本管理、柔性管理、模糊管理等现代管理理论应运而生，成为这一理念的代表。相较于科学管理理论侧重研究物的或事实的方面，现代管理理论更加关注人的方面，强调人的价值和需求。控制与自由在管理中相互制约、相互依存。管理者应在实际操作中找到适当的平衡点，既要实现管理目标，又要充分尊重和满足员工的自主性和需求。通过运用现代管理理论，实现组织管理的有效性和人性化。

（一）人本管理

在现代管理科学里，"人本"思想主张的是，以人的整体与自由的成长为重点，构建适当的环境，并且以个体的自我调控为根基，以团队的一致目标为指南的一种管理方法。这种思想强调了管理行为必须围绕"人"进行，并且提倡领导者把处理团队成员间的互动置于优先地位，根据员工的需求和驱动力来提升他们的积极性。根据以人为中心的管理思想，"人"不仅代表了管理的工具，而且代表了管理的目标，它们之间相互矛盾与协调。

人本管理涵盖三个观点。首先，它突出了"个体"的价值，把它看作是管理的中心；其次，它的关键目的在于唤醒个体的热情、自觉与创造力，最大限度地挖掘他们的潜质；最后，努力实现他们的全面发展与自主性，竭尽所能地为他们的自我发展创造良好的条件与机会。在这种以人为核心的管理策略中，能够充分发挥每一个人的能量，推动组织实现优秀的表现。也就是说，团队的进步和每个人的提升达到了平衡和一致。在执行管理过程时，应该秉承人本的思想，并从一个全方位、科学的角度看待每个个体。也就是说，领导者既要关注并鼓舞员工，又要重视挖掘他们的潜力，推动他们的个性得到充分的提升与完善，推动他们的全方位成长。

（二）柔性管理

根据柔性管理的观点，当代管理工作并不只局限于传统的计划、组织、指导、监督、配合等核心功能，它也包含了如教导、配合、刺激、补充等功能。这种柔性的管理思想拥有深厚的含义及各种各样的方法，它的主要属性是模糊、非线性、反馈、创新、延迟。

第一，柔性管理在质的方面呈现出模糊性。鉴于管理的目标主体是个体或团体，个体的情绪反应与行动趋势往往呈现出不确定性，并且在两个极端水平上。所以，在执行管理任务时，必须运用恰当的思考策略与实事求是的工作手段。

第二，柔性管理的特性在于其非线性性质，也就是不可增加性。人的才智拥有超凡的弹性，能够依照个体、环境及状态做出相应的改变。这一特点主要呈现在两个方向：首先，在职业生涯里，付出的努力与收获的结果有着不同的线性联系；其次，个体的规模与全局的效用也有着不同的线性联系。简言之，现代管理得益于柔性管理的独特观念与策略，对于增强管理成效及提升团队表现大有裨益。在具体执行过程中，领导者需要深刻理解并利用柔性管理的独特优势。

第三，在方法上，柔性管理强调感应性。构筑人际关系的关键因素包括理解、尊敬、追求真实、渴望美好，个体的优秀品质、相互交流的内心，持续的热忱和忠诚的精神……然而，所有这些都离不开权威。实施柔性管理的核心策略便是借助内心的交流、情感的接纳，进而在有意识、有意愿的状态下，积极释放出个体的内在活力。

第四，在职责范围内，柔性管理体现了创新性。仅仅遵守表面的规则和服从只能起到外部效果，唯有通过心灵的接纳和思想的改变，才能真实地实现"忠诚行动"。柔性管理是一项精神塑造的崇高任务，一旦这种塑造达到了成功，就会在行为的本质层面展示出主动性、持久性、抵抗干扰的特性。

第五，柔性管理的效果通常呈现出延迟的趋势。所谓的延迟，就是自其启动以来，其影响力一直存在着一定的时间跨度。这个时间跨度反映了柔性管理的效益周期。因此，需要避免过分追求短暂的成就和收益。虽然柔性管理和以人为中心的管理有着紧密的关联，但它们实际上并非同一个概念。柔性管理的核心思想是通过对人类心理和行为模式的探索，倡导使用非强迫的手段，在公众心中形成一种隐含的影响力，进而将组织的决策转化为公众的自发行动。从柔性管理的含义来看，它是一种更为深远、更具高层次的管理，是一种充分展示理智、体现自由的管理。柔性管理主张内在优先于外部、直接优先于间接、心理优先于物理、个人优先于集体、肯定优先于否定、身教优先于言教、务实优先于务虚、执行教育优先于执行纪律等基本准则。

(三) 模糊管理

模糊模型倡导的是一种思想，其着重于对组织内在的无法预测与波动的关注。根据此种看法，组织的目标被视作是不确定的，而根据目标的次序进行工作则构成一项挑战。在学校的组织架构中，各个部门的联系并不紧密。决策往往在参与者无法确定的状态下进行。模糊性被视为一所学校的一般特点。这种观点认为，传统的决策选择理论并没有完全理解决策过程的混乱和复杂。国外有关学者概括了以下模糊模式特性：

第一，组织目标不明确。教育工作者的职责决策权，使他们能够随心所欲地设立和执行个人的职责，同时，学校内部的每个人都可能对职责的理解存在差异，甚至对于相似职责的关键部分持有不同的观念。所以，整个机构缺乏统一、清晰的职责设置。由于目标的含糊，无论是什么样的教育目标，都无法构成学校管理的核心。

第二，管理步骤难以确定。这在以人为主要工作对象的学校组织中尤其明显。实际上，教师通常并不清楚他们想让学生学习什么、学生应该如何学习以及学生已经掌握了什么。

第三，组织的特点是拆分与松散的连接。这种松散的连接涉及各种互动和影响的要素，然而，所有被连接的要素都保留了自身的特点，包括逻辑和物理的属性。它们之间的联系是有限的、罕见的，影响力也比较微弱。

第四，在教育机构里，各个部门的权限与职责是交错的，权限的界限并不明确。机构的架构越复杂，其内在的不确定性也就越强。而标准化的机构架构却遮蔽了这种不确定性。

第五，以人为主体的专业机构中，模糊的方式尤其明显。学生普遍期待能够就相关决策提出自己的观点，教师则更倾向于能够立即响应学生的需求，而非在等级制度下高层领导的直接监管和指导下进行工作。

第六，倡导模糊性的学者们主张在组织管理过程中，参与者的变动性，也就是说，决策的参与者有时会增加，有时会减少，不能被固定。

第七，模糊的主要因素就是组织所在的环境的信息传递。现在，教育机构的存在和进步日益依赖于周围的环境。

第八，一般来说，没有明确的计划的决定往往被称为无组织的决定。根据模糊理论，在标准化的情况下，按照预定的步骤和计划来做决定的流程，在真实的职场环境中基本上并未发现。问题、处理问题的策略和参与处理问题的人员，他们之间的交互和作用，使得最后的决定结果呈现出混乱的形态。

第九，模糊管理法突出了集中管理的益处。它倡导，由于组织的烦琐与无法预见，需要把许多决定权委托给其他部门和个体。与科学管理、严格管理、定量管理相比，以人为中心的管理、灵活管理、模糊管理更具有吸引力。

二、教学管理要求体现自由的理念

在教育管理的范畴内，自由的理念与当代管理学灵活且含糊的原则是一致的。高校教育管理结构应当展示这样的自由视角，即具有灵活性和适度的管理方式。此视角主张对学生的爱好给予尊重，挖掘他们的潜力以及满足他们的学术需求；同样，它还着重于对教师和学生独特发展的关注，以此来提升学习的多样性，加强管理的适度，突出对于教育与学习的自主性。

（一）学习自由是高校学生自由发展的前提条件

古希腊的思想家们认为，一个人只有能够独立思考并且全面发展的时候，他才能被称为"自由"。实际上，高校教育过程中，最终的掌控权应该属于高校学生，而学院及教师仅仅是帮助他们发展并提升的工具，并非他们的导航员。高校管理者需要确定"全心全意为了学生"的原则，借助激发学生的主观热情与创新精神，推动他们充满活力地成长。

国外有关学者认为，高校学生拥有决定个人未来道路的能力，因此，他们应当拥有学习的主导权和自由，而非被所有的规则束缚。未来的学者和研究者将会是高校学生。从理论角度看，这些学生将获得学习的权利，他们已经超越了初级阶段的学生，变得更加成熟，更加适应高级教育的氛围。为了塑造具备科学素质和个性的青少年，应该激发他们的探索精神，但同样，应该容忍他们的松散、任性，以便让他们能够选择脱离传统的学术工作。为了培养具有独立思考能力的人才，教育应让每个人都能自由地发展自己的个性和创造力。教育的基本目标在于帮助每个人发现自我、超越本我，成为自由创造者。为此，教育制度应保障学术自由，让高校学生在自由的环境中成长，从而激发他们的创造力。只有这样，才能培养出真正具有独立思考能力、勇于创新和追求个性的新一代高校学生。

（二）教学自由是教师专业发展的基本保障

在管理教师的教学活动时，需要考虑到教师的专业能力、教育的独立性、教学手段的丰富、教学环境的波动以及他们的工作效益很难用一个公正的评价标准来衡量。尽管有必要对高校教师的教育任务做出相关的管控，但是更需要依靠他们的自我约束和主动参与。对教师而言，教学场景无固定的开端与结束，他们总是生活在不断变化的教学场景里。若对一线教师所遭遇的挑战有深入的了解，便可明白：教育问题涉及实际操作，即教师在特定的教育环节中应该怎样做出恰当的决策。简言之，高等教育的过程并非只是知识的输送，而是一个对知识的重新塑造与创新的旅程。如果执行那些严格的、固定的管理制度，就可能使得教师陷入"教"的困境，同时让学生陷入"学"的困境。在这样的情况下，高校学生的自主成长和教师的创新精神都可能受到影响，进而影响到高校的教学效率。所以，在高等教育的本科阶段，不仅需要重视规则的认知，而且需要推广教学的自由。首先，明确指出教师的授课活动与学生的学习活动，从而实现教学的管理目标；其次，展示出教学的自由，刺激教师的创新式授课，并鼓励学生的积极参与。

三、高校教学管理制度中控制与自由的协调

优秀的管理者需要设定一些适合于体现团队成员的利益与期望的合适的团队目标与规则，让团队的规则最大限度地转化为团队成员的主观行为；需要一种严谨的团队管理，确保团队的目标得到达成；也需要适当控制限制的程度，尊重团队成员的个人权益，进一步激发他们的工作热情。在构筑机构的运营系统时，需要在约束和自主权利之间找到一个均衡，以达到"统一而不僵化"和"开放而不混乱"的目标。所以，对于高校教育运营系统来说，应该恰当地展示出自主的思想，并且恰当地调整系统的规划，以解决系统中约束和自主的冲突。

（一）高校教学管理目标需要基本的规范来实现

对于组织的操控与顺畅的行动，管理体系的配合是至关重要的。对于高校这样的标准化机构来说，为了维护教育的基础结构、增强教育的管理效能、达成教育的管理目的，构建适当的管理体系是十分必要的。所以，高校教学

管理需要受到特定的管理准则的限制，防止无节制的混乱，同时也不能无所顾忌地走向自我。在执行管理任务时，全体参与者（管理者、教师、学生）必须主动服从教育管理规定，同时保持它的权威地位。实际上，每个机构的成员都必须接受其内在的规则的约束，这些规则对于机构成员的行为起着强有力的控制，即对其行为自由的限制。然而，只要机构的规则得以被机构的成员积极执行，他们便不能再感受到任何的控制与约束。所以，高校不仅需要增强教育管理机制的建设，而且必须通过设计、执行以及改进，使之渐渐成为师生的积极参与，同时也是高校文化的核心组成部分。如此一来，教学管理机制才能充分展现出其本身的功效，从而对提升我国的教育水平作出贡献。

（二）高校教学管理制度需要具有一定的弹性

对于高校教育管理来说，一个有力的管理手段是必不可少的。但是，鉴于其独特的属性与核心，这种手段必须保持变通与适应能力。在构筑高校教育管理方案时，需要突出以人为中心的观点，并遵循灵活的管理法则，以确保"教"与"学"的自主权。在构筑现代高校教育管理框架时，必须强调柔性的教育管理标准的构筑。无论是"严格"的管理法则还是在增强教育管理的效益、信赖及关怀，都需妥善协调，从而打造一个可以最大限度地调动师生教学热情的组织标准。

第四节 教学管理服务理念的体现

现代管理中的一个核心问题是管理与服务的矛盾。在高校本科教学管理体系中，这种矛盾主要体现在管理者与教师、管理者与学生之间。

一、管理与服务的一般理论

管理的根本价值和主要任务源于它作为管理人的根本角色。国外有关学者倡导管理的关键任务涵盖了计划、组织、指挥、调配、监控等，并且总结了十四项有助于管理的标准，如岗位的区别、权限与责任、法律法规、合作指挥、统一的领导、优先考虑整体的利益、公平的报酬、集中的权威、社会地位、秩序、公正、员工的稳定性、创新思维、团队合作等。也有学者将管理功能的概念做了全面的阐述,并且创立了管理七大功能模型,包括策略、结构、员工、领导、配合、汇报和预算。

然而,在现代管理理论的视角下,仅依赖传统的"科学管理"和"客体管理"是远远不够的。作为管理者,需要深入考虑"人"的元素,对他们充满关爱、尊重和信赖,以达到个体成长和组织成长的"双赢"。这意味着,过去的管理角色已经改变,由单一的"控制他人"转向同时承担管理和服务的管理。换句话说,除了执行如组织、管理和监督的任务之外,管理者还需要充当"顾客"的身份,为受管理者提供包括知识、信息、实体和心灵在内的所有相关服务。这正是管理即服务理念的实质内涵。在现代管理理念的指导下,管理者与被管理者之间的关系将更加和谐,共同为实现组织目标而努力。

"管理即服务"的理念源于人本管理思想。自20世纪80年代以来,人本管理思想一直是西方管理学科的主流和发展趋势。对于人本管理的内涵和外延,理论界仍存在不同的观点。一位学者在综合各家之言后,对人本管理给出了如下定义:以"人"为中心的"人本管理"是一种把所有的组织成员看作是管理的中心的管理思想与行动,其目的就是最大化地运用并挖掘出组织的人才,为所有的利益攸关方提供支持,进一步达到组织的整体目标和每一位成员的个人愿望。

二、学校管理要体现服务的理念

人本主义的管理观念主张,应该由过分看重"硬性的管理"改为更加看重"软性的管理",由过分关注"工具使用者"改为更加看重"目标实现者",由过分依赖于理智改为更加看重情绪。总的来说,也就是把"个体"看作是管理过程的主导。通过洞察个体的内心世界,增进对其行为的预见性和掌控力,营造环境,让个体展现出乐观的精神状态、饱含激情的职业姿态及主动的举止。一些专家认为,当代管理学的以人为中心的方式,正好符合我国儒家的"仁爱治国"的原则。

(一)高校教师管理的特点要求体现服务理念

教学管理在高校教育中占据着重要地位,其核心对象是教师和学生。然而,教师和高校学生不仅是管理的对象,而且是管理的主体。高校教师这一职业群体具有鲜明的特点,他们更追求自我价值、人际关系与归属以及尊重等高级别的需求。高校教师在教学管理中既能扮演管理者的角色，又能作为被管理者参与其中。他们不仅是教学活动的执行者，而且肩负着管理教学过程的责任，展现出高度的自主性。此外，高校教师的工作主要依赖于脑力活动，这种工作方式无形且具有较大的个体差异。他们的工作强度、数量、进度、质量很大程度上取决于个人的自我管理能力和对责任的自觉。

正因为高校教师具有这些独特特质，他们超越了理性主义者眼中的"经济人"和行为科学家所认为的"社会人"的定义，而成为追求理想和自我实现的"文化人"。因此，在高校教学管理中，应充分关注这些特性，并将"以教师为主体"的理念融入教学管理过程，确保教学管理制度能够满足教师的需求，为他们提供优质的服务。

（二）高校学生身份的转变要求体现服务理念

在一个以政府指导的经济体系中，高等教育被看作一个"供应商市场"。这种市场结构中，供应商（学校）扮演着关键角色，而对于消费者（学生）来说，他们的决定权却相当有限。基于这样的供应商市场环境，高等教育的运营模式便是"以教育为中心"。也就是说，学校的教育方法影响着学生的教育选项。然而，随着我国的经济架构的改革和信息化社群的繁荣，高等教育的方法已由"供应商市场"转向"消费者市场"。这个消费者市场是一个以消费者为核心，并且消费者是其主导的推进力量。当前的市场环境以需求为主导，因此，高校教育机构的运营方式应该以"以学生为核心"。

所有学生都更加热衷于寻求知识，他们的角色已经转变为学习的决策者、应用者、购买者和评估者。这一刻，教育领域的角色已经由"卖方"变为了"买方"。随着新的历史潮流与社会背景的推动，高校教育体系正在渐渐演化为"教育超市"，同样，高校学生也渐渐地成为"教育超市"中的独立消费者。因此，现代高校教育管理必须增强对服务的重视，把"以教师为中心"的教育模式转变为"以学生为中心"的教育模式，给予高校学生的学业发展和个人发展全方位的支持。

三、高校教学管理制度中管理与服务的协调

按照现代管理的要求，高校教学管理既要体现管理活动的自然属性组

织、指挥、协调与控制，又要充分体现对教学活动的支持服务。对教学管理者而言，这本身是一对基本矛盾。高校本科教学管理制度要体现管理活动的服务性要求。

在高校中，教育管理人员的职责和权力相互匹配。"服务"构成了"权"和"责"的整合，"权力"作为提供服务的手段，而"责任"则展示了这种提供。"权力"的增强意味着提供服务的负担也会相应增加。提供服务并不代表着管理人员的地位下降，反而意味着他们的职责范围扩展以及他们的管理能力的延伸。所以，单靠规章制度来界定高校管理者的权利与责任并不足够，需要借助适当的法律手段来清晰地界定他们的管理责任。唯有当规章制度清晰地指出管理者需要对师生进行哪些活动，达成何种水平以及如果无法完成或未达标，将会面临何种惩戒，才能真实地限制高校管理者去执行他们的管理任务，并且全身心地投入到相关的教育服务中。

在高校里，教学管理的重要性不言而喻，但是，管理者的引领与控制能力存在某种程度的局限性，并非没有尽头。相比之下，他们向教师和学生提供的教学辅导服务则是永恒且无尽的。随着高等教育市场的完善与终身教育制度的建立，高校越来越难以维持"卖方"的地位，也越来越难以独占知识与规范的主导权，因此，管理者的职责也会慢慢由领导者转向辅佐性的帮手与服务人员。必须在体系层面清晰地指出管理者是如何为了达成教育与学术的目的而工作的。因此，被称作"教学管理体系"的实际上，应该被改称为"教学服务体系"或"学术服务体系"。换句话说，管理者的任务在于直接或间接地推动教师与学生的科研进步以及为高校学生的发展与提升提供支持。

高校教学管理和服务功能互补互助、互利共赢。首先，应该通过规章制度确保管理者始终致力于教学工作，尊重并竭尽所能满足所有的教学需求。比如，应该建立和优化教师的周期性培训及进修机会，以增强他们的专业技术，让他们更有创新精神地参与到教学中来；其次，以高校学生的多元化学习需求为基础，向他们提供包括学习引导、信息咨询、资源支持、教育评估在内的各类学习服务。例如，通过各种管理者的积极且高效的管理方式，为教育活动提供实质性和精神层面的支持，开发资金来源，优化教育环境，为教师和学生营造一个良好的教学氛围。

第五章　高校学生教学管理

第一节　教学管理认知及管理策略

一、高校教学管理的认知

1. 高校教学管理的目标

教育管理被视为关键的步骤，它的主要职责与使命就是根据特定的管理准则、流程及手段，对于教育流程中的资源、设备、资金、时间、信息等做出合理的配置与配合，以保证教育流程的流畅、教育流程的高效执行与改善，完成教育的目的。构建并保持一个卓越的教育氛围是教育管理的关键，这样才能确保教师与学生在授课时有效地达成设定的教育目的。

（1）教学管理构成了高校运营的主轴。它对教育及人才的塑造起着重要作用，这取决于高校的职责与特点。当前，塑造富含创新思维与实际操作技巧的专业人员，已经成为高校的基础职责。因此，需要积极地调整并改革教学管理方式，以满足这一需求。这涵盖了持续提升现代化的管理观念，刷新教育管理的观点，调整教育管理的观点，并且优化教育管理的策略与工具等方面。

（2）教育管理必须持续更新、跟上时代的步伐。在高校里，教育管理起到了重要作用。它是一个庞大的系统性项目，必须在高校这个多层次、多元化的复杂体系里执行。它的核心就是将教育子体系视为研究和管理的目标，整合并利用高校的所有教育资源，合理规划教学流程，达到教育资源的优化分布，从而取得教学任务的最优成果。

（3）教学管理是一项系统工程。为了有效发挥教学管理组织功能，需要建立科学、完整的教学管理系统，形成全面的教学质量管理体系和运行机制。同时，要建立高效、灵活的教学管理系统，必须加强教学管理队伍建设，形成一支专兼结合、素质较高、相对稳定的教学管理干部队伍，作为教学管理的核心力量，这样才能更好地推进教学管理创新，为我国教育事业的发展贡献力量。

（4）教学管理作为一个专门的学科领域，以教育科学、管理科学、系统科学及其他相关学科为基础，发展和建立了一套理论和方法体系，展现出其科学性。教学管理不仅包括行政管理工作，而且融合了学术管理和行政管理双重功能，使得教学管理成为一门需要长时间的学习和实践才能精通的学科。教学管理作为一门科学，旨在通过有效的管理手段和策略，实现教学资源的优化配置，确保教学过程的稳定运行，推动教学改革，为提高我国教育质量贡献力量。

2. 高校教学管理的系统

高校教学管理系统是指高校遵循教学规律，在一定的教学理念的指导下，运用特定的管理理论和方法，借助技术平台的支持，对学校接收到的外界投入、信息、教学资源等进行优化配置，再通过组织有效的教学活动，将各种资源转化成教学产出，进而影响外部环境的系统。其中，外部投入包括教育资金、硬件设施、教师和学生以及社会或个人对高等教育的期望，即社会希望高等教育培养出什么样的学生，包括学术成就、综合素质和专业素养等方面的期待。教学产出包括人才培养和目标协调两个方面：人才培养指的是高等教育需要为社会发展培养德、智、体、美、劳全面发展的综合型人才，以满足社区服务、企业或单位对人才的需求；目标协调指的是社会、组织、企业或单位等对人才的需求是多元化的，甚至相互矛盾的，因此，需要高校管理者具有远见卓识，科学地确定培养目标，协调各方的利益和矛盾，果断舍弃不利于教学良性发展的投入，不断为高校管理和教育教学注入新的活力。

二、高校教学管理策略

（一）高校教学计划的管理策略

教育机构将教学计划视为人才培训与授课的核心指南，并且这个计划不仅是实现人才培训目标和基础标准的全面设计方案，而且能够指引他们的教学流程，并且对于教育监控与评价来说，这个计划是必不可少的重要文档。

教育管理策略是由学校主管根据全国统一的学科目标，确保达成预定的教育目的，制订并调整学校的课程和工作进度，指导、监督、概括、评估教育实践和成就的流程，旨在培养出满足规则和标准的人才。这一策略不仅是高校教育管理的核心环节，而且是提升教育管理效能的重要因素，确保教育管理的目标、过程和成果与学校的整体管理目标相匹配，并且对教育管理系统的各个级别的目标、任务和行为进行了调整。

1. 教学计划的构成要素

在高校教育机构里，教学方案的制订是基于各个专业的需求。一般来说，优秀的教学方案包括四个核心组成部分，即专业的成长目标、课程的构建、教育的实施过程、课程的进度布局与学分的分派。这四个元素的含义和它们之间的联系可以参考以下描述：

（1）教育的目标构成制订教学方案的基础。这个目标决定了课程的构建与教学内容的选择，并明确了对学生的特定需求，确定了教学步骤的布局。

（2）教学规划的核心部分就是课程的安排。通常，教学计划包括四种类型的课程：公共课、基本课、专业基本课、专业课及选修课。这种课程的安排在本质上反映出教育的品质，并且它也是达成教育目标的关键保障。

（3）在全部的教育与教学过程里，教育与教学环节被看作是多元化的活动形式。它们可以被区分为与课程有关的与不涉及的两大部分。与课程有关的部分，包括在课程教授全过程中的各种活动，如授课、课堂交谈、培训课、试验课、教学操作、课程评估设定、毕业项目规划等。与课程内容无关的教学部分，涵盖了在教育培养过程中使用的多样化行为，如新生培养、军事训练、科技探索、行业操作、社区考察等。

（4）对于学习的时长与得分的设定。这种设定揭示了学生在所有关键的教育过程中所投入的时间与精神，而得到的得分则被视为衡量课堂时长、教师任务负担等因素的评估依据。

2. 教学计划制订的原则

（1）发挥教学计划的独特性。考虑到各高校的招生水平、教师团队、教育历程和环境以及所针对的地域和行业等实际状况，在设计教学方案时，必须妥善处理国家对各个专业人才培养的一致性要求与学校培养特色的联系。应该注重学校的培养特点，让教学方案具有自身的特色，这样可以给专业带来活力，并在激烈的竞争中保持领先。首先，需要在设定教育目标时突出其独特性。结合学校的历史和传统，在评估学校的优点后，依照发扬优点的准则，设定教育目标；其次，在教学内容中突出自身的独特性。提高已经存在的优质教学内容，对那些拥有巨大潜能的教学内容提供援助，以便将它们塑造成更好的教学内容；在增强这些优质教学内容的同时，改变教学内容的布局，让教学内容更富有个性，从而创建出独特的教学内容；最后，在教育方法中体现出独特性。核心是要转变过去的教育方法，打造出具有创新性的教育方法，以凸显其独有的创新性。

（2）以学生为中心。首先，设立培训目标的过程中，遵循全方位的素质教育的准则，并且恰当地平衡专业成长和整体成长的关联。关注学生的整体提升，包括道德教育、智力教育、运动教育等多个领域的发展，身心健康、情绪稳定、思维敏捷等多个因素的共同提升以及智力因素和非智力因素的平衡增长；其次，在课程规划上，坚持全面成长的理念及教育的目的，并且要深入思考各门学科的属性及各自的专业特色。高校教师需要根据学校的状况及各自的专业需求来精心规划课程，以便让学生的知识体系更加符合当前的社会、学校及他们的专业；也需要将学生的知识体系作为决定课程数量的参照，以便将普遍的规律和独特的个人风格融为一体。重申，在设计教学计划时，需同时考虑到一致性和变通性。这个计划不仅应当符合学生的发展模式及教育方法，而且应当保持适当的灵活性，让学生能够依照个人的需求，适当地调整他们的学习步骤；最后，针对教育目的及课程架构的独特性，高校教师需要设计出适当的学习时间与学分。基于专业领域的关键性及学生的知识技能框架，针对不同的课程类型，进行适当的处理，确保学习时间与学分均衡。

（3）强化学生能力。高等教育的核心目标是培养高素质的人才，其中实践技能和创新精神的培育至关重要。为了实现这一目标，教学计划的调整和完善至关重要，必须始终坚持知识、技能和素质全面发展的原则，特别是要关注实践技能的培养和素质教育的突出。

首先，学生必须对自己的专业领域有深度的认识，包括其主干理念、基础概念，并且熟悉与之相关的其他领域。这样的认识不仅可以帮助他们在自己的领域中找到工作和研究方向，而且可以帮助他们更好地满足其他领域的职责需求。学生也必须拥有自主探索、发现、分析并处理问题的基本技巧，并且有创造性的思维。他们应当全面发展，具备良好的思想道德素质、文化素质、专业素质和身心素质，这是教学的基本要求。

其次，为了培养学生的基本知识、基本技能和基本素质，需要构建一个科学合理的课程体系，尤其是要重视教学的实践环节。实践环节往往是教学中的一个薄弱环节，因此，在教学计划中，应有意识地加强这一环节，使学生通过学习能够建立起适应终身学习和社会发展变化所需的知识、技能和素质结构，这样才能更好地培养学生的实践技能和创新精神，为我国教育事业的发展贡献力量。

（4）完善教学计划的结构。教学计划的制订是一个系统工程，需要全面考虑各个环节和方面，实现整体优化。

首先，教育目标与课程安排的联系极其紧密。这个部分构成了教育计划的主干，对达到教育目标起着决定性的作用。高校需要依据这个目标去策划课程，将培育出的高级专业技术人员作为主导，遵循教育部的相关条例来安排专业课，同时也会在这些专业课之间建立起专业基础课和专业选修课，从而构建一个以教育目标为连结点的课程结构。

其次，对于达成教育目标，理论教育和实践教育的协同作用不可忽视。高校需要提升实践教育的强度，扩大社会实践和社会调研的课程时间和学分，并将社会调研分散到每个学年，以达到理论教育和实践教育的有效结合，丰富教育方式。

再次，对于专业基础课、专业课与专业选修课的联系，必须妥善管理，从而提升课程的整体架构。课程框架在教学方案中占有重要地位，主要包括三类课程之间的联系。高校必须遵循专业课为中心，专业基础课稳固基石，专业选修课扩大视野，激发学生的独特性的准则，依照教育法则与学生的成长模式，按照阶段、按步骤地安排不同类型、不同门类的课程，从而建立起各类课程之间的配合，使得每一门课程都能够顺利地连贯起来。

最后，妥善地管理好课程安排和学习时长的平衡，并且恰当地安排每个人的学习时长。调动学生的热情、创造力，并且提高教育的质量和效果。教师需要科学地安排整个教学过程的时长，包括在课堂上的时长、必修课和选修课的时长、理论知识的传授和实际操作的时长，设立更具科学性、逻辑性和实用性的教学方案。

（二）高校教学运行过程的管理策略

教育的实施与管理就是依照课程设置对课程进行检查。这个过程的关键思想在于整个学院的团结与层层之间的配合，并且必须严格按照课程设置及所有的法律法规来操作，从而保证课程的顺利实施并不断优化，这样才能确保课程的高品质。这个系统的核心是由教师引领、学生参与、师生交流的教育流程的组织与管理，同时也涵盖了由高校、学院（系）的教育行政机构负责的教育行政管理。

1. 教学过程管理的原则与作用

教育流程包括诸如课堂讲解、练习、课堂交谈、实践活动、课程规划、教育实践与工作实践、学期论文、测评或检查、毕业论文与毕业设计，也包括生产操作、科研培养等多个部分，构建了一个有条不紊、每个部分都相互关联、共同推动的完整系统。教育管理者在设定教育管理的目的时，会依照教育的性质及其相关管理准则，挑选并执行能够应用在教学过程中的管理方法。

（1）教学过程管理的基本原则。对教学过程的管理原则是依据教学管理的宗旨及职责，遵守教学管理的准则所建立的基本标准。

第一，教学为主的原则。教师根据党的教育政策，以教学计划、教学大纲和教科书为基础，集中精力，妥善管理教学任务，持续提升教学水平。

第二，依靠教师的原则。学校的职能是传授知识，培养人才。要实现这个职能，必须通过教学，而担负教学任务的唯有教师。

第三，完整性成长的方针。思想、知识、体育在各方面的完善，不仅是人才培养必需的素质，而且是教育管理的终极目标。实行课程进程管理，就是为了尽可能让每个课程都达到教育、教学和成长三者并行的教学意向。优质的课堂教学应该促使学生在思想、知识和能力三个方面都有所进步。

（2）教学过程管理的主要作用。加强教学过程管理，是全面提高教学质量的重要手段。切实加强教学过程管理，必须实现三个转变。

第一，从生产型管理向运营型管理进行改革。在教学流程中，运营型管理体现了考试教育，它会对学生的身心健康及整体素质产生影响。运营型管理符合素质教育的标准，需要通过全面、系统地运营教学流程，全方位地提升教学品质。

第二，从传统的家庭式管理模式转型为更加开放的模式。采用开放性的管理方法能够大幅度地提升学生的整体能力。

第三，将原本以物质为主导的管理模式改革，使其更加注重以教育者为主导。必须将人类置于管理过程的核心位置。在教育流程的管理上，以教师为核心，着力满足他们的期望，这对激发他们的工作热情大有裨益。简言之，优化学校教育品质的关键步骤就是教学流程的管理。因为教学流程的管理内容多样且覆盖范围广泛，所以如何将复杂的教学流程中的各个环节进行系统性划分，构建一个相对完善的教学流程管理框架，并且能够有效地控制整个教学流程，确保教学流程的快速和高品质运作，对于提升学校的教育品质具有显著的实际价值。

2. 教学行政管理的基本内容

教务管理，也就是教学行政，是由高校、学院、基础的教学管理机构依照不同的课程设置，采取多样化的管理策略，通过安排、领导并配合涉及教学的各个环节的工作，确保优秀的教学环境，通过高效且优质的方式执行各类教学工作，达到教育的最终目的。

教学行政管理对于维持稳定的教学秩序、保证教学工作的正常进行具有重要意义。教学行政管理是保证整个学校教育教学活动顺利进行的基本条件。在宏观上，教务部门是学校计划的主要制订者之一，负责制订学校最主要的教学计划和有关教学工作的规章制度；制订学校有关教育事业发展、专业设置、教学改革等方面的措施。在微观上，组织检查、监督教学计划、教学大纲的执行和完成情况；全面安排学校的教学活动，把好教学质量关，对教学过程和学习过程的各个环节提出标准。另外，教务部门还承担着教师培训，教材、讲义的编写、审查、补充及印刷，制订开课计划、编班、编课、负责师生的考勤、考核，招生、学生的学籍管理等。

教学行政管理即教务管理，是在实施教学计划过程中进行的常规管理，主要承担教学计划落实的任务，还包括合理调配教材、配备教师等资源以匹配到各年级、专业的必修课和选修课以及组织科学、有效的教学秩序以确保教学活动的顺利实施。教务管理工作具体可分为常规的教学行政管理、例行管理和教学档案管理三大部分。

（1）常规的教学行政管理。首先，做好校历编制工作；其次，制订开课和结课计划；最后，做好课程表的编排、教学任务落实到人和监督实施等工作。

（2）例行管理。主要包括学生学习与教学实施的管理工作。学生学习的管理工作包括从各专业的招生计划确定到录取、报到等，学生入学后的编班、印发学生管理手册、必修课和选修课的安排、组织阶段性的考试、监考和补考等工作；教学实施的管理工作则包括课程总表的编订、监督落实各学期或年度教学计划、检查教学活动、监督教学质量、组织教学观摩活动、组织教研活动、评选并表彰等。

（3）教学档案管理。对于行政管理而言，档案的处理至关重要，它构成了优秀教育品质的基础。此外，还涵盖了对教育信息的处置、教育数据的分析，以及对学生的学历的监控等环节。教学档案管理包括：重新审核入学条件、登记、提升或降级、调整学校、改变专业、跳过级别、暂停学习、放弃学习、重返校园、出勤、奖罚、对学术表现的监控等。

（三）高校教学质量的管理策略

品质涵盖了教育流程及其结果的各种属性与特征，能够评估它们是否符合预设的需求，这也构成了学校的核心工作。品质监督的核心就是通过恰当地应用影响品质的各种教育因素与环节，从宏观的视野来完成专门的培训目标，调整教育的顺序与品质，并且针对未能达到预期的状态，如分数的差异等与预期相悖的状态进行监督，最终实现了广泛且深入的教学品质控制。

1. 教学质量管理的基本内容

教学质量事关高校的兴衰成败，高校要在日常管理中特别重视与教学质量直接有关的因素，如教学质量设计、教学的进程调控、教学改进等。教学质量设计指的是高校为了确保某个特定的教学目标，对教学环节设置、作业布置等进行调整；教学进程调控是指将实际教学质量与目标教学质量对比后，对没有达标的教学环节进行调节管理；教学改进是指根据既定的标准对现行教学进行调控，使其最终达到所要求水平的过程。

对教学质量的设计要建立在明确的教学质量目标和标准的前提下，要首先从目标和标准两个维度对教学质量进行设计，具体要做好两个方面的工作：一是明确教学质量目标和评价标准，即用哪些标准对教学质量进行衡量，达到哪些目标就是高质量等，这建立在对制约教学质量的因素的全面考虑之上；二是制订教学计划操作指南或实施细则，即为了达到提高教学质量的目标，要进行哪些操作程序、如何进行管理、如何组织和推进活动等。

教学质量管控具体可以从以下四个步骤着手去实施：确定控制对象；根据控制对象的特征选择衡量的方法或手段，并实施测量；对测量结果进行分析，并对比与标准之间的差异；就现存差异提出有针对性的措施和实施细则。以上四步中，确定质量控制对象和测量过程是教学质量得以管控的关键性抓手，分析质量差异和寻找差异原因是提高教学质量的关键环节，提高教学质量是最终目标。教学的改进是针对教学中存在的问题采取措施，以求从根本上改变现状，提高教学质量。教学质量的改进要分阶段实施，具体有以下步骤：

（1）搜集和分析论证的数据资料和质量信息，引起管理者的重视。要使管理者下决心进行教学质量改进，还必须进行质量成本核算。

（2）分析教学质量故障涉及的众多因素的主次，根据"关键的少数和次要的多数"原理，从中找出关键因素，确定攻关目标。当选好的质量突破口不止一个时，还必须确定突破项目的先后顺序。

（3）为了提高教学质量，应成立两类不同职能的组织，分别是指导性组织和诊断性组织。指导性组织的主要职责是引导和推动教学质量的提升，包括发掘可以改进的领域，找出关键性的问题，解析导致教学质量下降的原因，协调在教学改进过程中遇到的困难和阻力，控制教育改革的进程和效果，分配和整合各种资源，制订改进方案、执行措施并监督实施等；诊断型组织则是负责收集和分析教学质量数据，验证质量问题的成因，提出改进教学质量的方案等。与指导性组织不同的是，诊断型组织的成员需要有充足的时间进行长期的调查研究，他们应具备丰富的教学经验和专业的教学质量诊断技能，以及客观分析问题的能力。

（4）提高教学质量意识是至关重要的，应正确理解和判断对教学质量的要求，同时探索以经济合理的方式达到这些要求的方法。简言之，就是要求教学管理者和教师对教学质量管理工作具有自觉性。在改进教学质量的过程中，需要采取具体的措施来纠正现有的教学质量问题，并付诸实践。这是教学质量改进活动的核心环节。

（5）在执行改进措施的过程中，可能会遇到一些阻力，需要找到有效的方法来克服这些阻力。其中，精练的教学质量改进建议和具体的措施是至关重要的，还需要尊重教师的意见，设身处地地考虑质量改进措施的可行性和前景，以确保教学质量改进活动的顺利进行。

（6）在教学质量得到改善并取得成功之后，必须立即总结经验，把质量改革的结果融入教学质量的准则中，确保教学质量能够持续稳定地提升至新的高度。

2. 构建教学质量的监控系统

教学质量监控系统包括教学管理系统、教学监督系统、教学评价系统三个部分。三者既相对独立，又相互关联。

（1）构建教学管理系统。完善的高校教学管理系统是高校教学活动正常运转、教学质量提高的基本保障。在高校中，这项职能一般由教务处承担，其日常工作职责包括确定管理目标、编写管理制度、监督规章制度实施、评估教学活动等。具体而言，高校教务处需要完成以下工作：确定人才培养模式和计划、制订教学管理制度、论证教学建设项目的可行性、管理重大的教研教学项目、把关全校各院系教学活动、实施教学质量的监控、参与课程建设、监督具体的教学工作、宏观管理各院系的教学工作等。

（2）构建教学监督系统。第一，教学督导制度。教育监督是对教育过程的管理和监控，包括专业设置、教学规划、教学基本标准、理论教学、实践环节等方面。监督者需要深入到教学现场，采用听课、召集学生座谈会、与教师交谈、参与教研活动等途径，全方位掌握教学流程，并进行有效的监督。第二，信息员制度。建立学生信息员机制，借此让教务管理部分能够了解和掌握学院的教学秩序、教师的课堂教学行为、使用的教学方式、教材、教学环境，以及考核考试等潜在问题。根据收集的信息，可以及时地采用有效策略进行解决。通过实施信息员机制，使得学院的管理和教学更能接近学生和实际状况。第三，教学检查制度。建立完善的学期前、学期中、学期末三段式教学检查制度，每次检查各有具体要求。形成完善的以查促改、以查促建的监控机制，使教学运行过程中存在的问题能够及时发现和解决，保证教学工作各环节的良性循环。

（3）构建教学评价系统。教学评价是高校实施教学管理和保障教学质量的重要依据，具体工作由教务处牵头完成。该措施是为了提高教学质量、提升办学水平而设置的，具体包括教学教务人员的工作职责与规范的制订、教学活动和实践基地评价体系的建立、课程建设与评估标准确立、教学质量的监控等。教学评价系统主要包括以下三个层面的工作：

第一,教师教学工作评价。对教师的评价主要由学生、同行、部门、自我四部分组成,其中教师的自我评价是参考项,不计入教师最终的评价结果,前三部分评价所占比例依次为4∶3.5∶2.5。值得注意的是,以上评价比例是以一定的指标和方案为依据作出的,力求对教师的实际教学工作产生实质性的指导价值。教师教学质量以学年为单位进行,评价结果是教师考核、职称晋升的重要依据。

第二,对于教研室的工作评估,一般以学年为单位,依照学校设定的评价准则进行,主要涵盖组织管理、教学过程管理、教学体系建设、教研与教改四部分。具体的操作流程是:首先,各教研室需将本室的评价计划和安排报备给教务处;其次,根据相关的评价准则对学年工作进行自我检查,并以报告的形式呈现;再次,请院系对各教研室的评价进行汇总和分析;最后,由各院系提出整改方案报送教务处。教务处正是通过这种自下而上的评价方式,完成对基层教学单位的工作管理和监督。

第三,院系教学工作评估。院系是学校组织教学、实施教学管理的基本单元。院系教学工作是学校教学工作开展的基石。高校为了保证教学质量,对各院系工作的评价以年度考核和周期水平考核为层次标准。其中,周期水平考核指的是对院系教学工作中时效性强的工作及时考核、及时管控、及时落实;年度考核指的是对院系办学理念、办学思路、办学目标、日常教务管理、教研和教改、教学质量管控等进行宏观、全面的评估。

第二节 教学管理模式构建与改革

一、新时代高校教学管理模式的改革

1. 高校教学管理的理念改革

高校教学管理中,除了师资队伍、办学建制外,更重要的是先进管理理念的引进并使之发挥作用。在信息化建设飞速发展的时代,高层管理者除了具备坚实的管理能力之外,还应具备以下管理理念:

(1)审时度势、主动适应的思想。主动适应是指教育管理者在发展教育时应该注重社会发展需求的分析,及时将人才培养的方向与社会总需求相结

合，向社会输送高素质、高技能、适应性强的人才。高校应主动对接企业、用人单位，针对不同人才需求及时调整教学思路，建立人才培养与社会需求之间的紧密联系。主动适应性思维作为高校教育的主要指导思想，具体体现在人才培养方面的适当放权，即根据外部环境变化，主动调整和变化教学要素，积极与社会需求接轨，灵活应对社会发展潮流。

（2）全面质量管理理念。全面质量管理是一个组织，把质量当作核心，将全员共同参与作为根基，目的在于让组织中全部成员与社会受益，而获得持续成功的路径。

第一，全过程质量管理。想要把教育目标作为核心，科学有序地实施教育教学活动，就要加强对教育教学环节质量的全方位把控，尤其是要管理好接口，保证不同环节的有效衔接，有效确定不同环节要达到的质量标准。

第二，立体化、全覆盖质量管理。在加强高校教育管理时，要做好学校各个部门的质量管理监测，一旦发现影响教学的因素，要通盘考虑，研究对策。例如，后勤部、人事管理部门等学校自身管理系统的运行质量会直接影响教学及其他工作，这是我国高校的现实情况。

第三，全员参与质量管理。在高校中，无论是教师、学生还是学校管理者，都有义务和责任对学校的质量提升作出积极贡献。作为管理者，应当注重发动全校师生的力量，共同参与学校建设，从每个部门、每个院系出发，做好全员管理工作，从而培育高素质人才队伍，建立一流高校管理机制。

2. 高校教学模式与管理模式的改革

目前，社会对人才的需求标准与日俱增，学校应该努力培养出一批专业技能高、综合能力强的高质量人才精英。因此，改革教学模式和管理方式势在必行，信息化也为教育教学改革提供条件。在信息化社会，教学培养人才的方式应突出以下方面：

（1）引入学生参与式教学。在教学过程中，学生不仅是教学对象，而且是课堂活动的重要参与者。因此，教学方法需要强调学生的主体地位，改进教学方式，如采用课堂提问和开放性教学，激发学生的开放性和发散性思考。在课堂之外，学生可以利用网络收集大量信息来解答问题，教师则提供辅导，帮助学生完成知识学习的系统化和内化，优化知识结构。通过这样的学习实践过程，学生可以提高分析问题和解决问题的能力，同时网络教学方式也有助于学生深入理解和掌握学习内容，扩展知识领域，获得丰富的学习收获。另外，教师需要注意针对不同知识基础的学生调整教学进度，注重个性化和基础知识的综合，强化因材施教，完善学习规划，确保每个学生都能获得最新、最全面的知识结构。

（2）提升学生实践能力。目前部分高校的教学设备配备还不齐全，很多学校的实验品供应不足，仪器仪表硬件设施还不齐备，在一定程度上影响了学校实践课程的开展。而计算机技术具有模拟、虚拟等功能，教学设计者可以通过设计小程序为学生提供虚拟实验室。在网络上，学生可以进行虚拟实践操作，不受空间、时间、硬件等限制，从而可以进行多次实践。虚拟实验室比传统实验室具有低风险、低成本的优势。在计算机系统上，学生操作次数不受限制，可以失败重来、反复训练，直到熟练，并且简单易操作。有的实验有危险性或是肉眼不易观察，实验环境非常苛刻，建立实验室难度较大。这种情况下，可以利用虚拟实验室达到实践操作的训练目标。

（3）加强全面型人才的培养。加大全面型人才培养力度，鼓励学生宽口径、跨学科学习。随着社会不断发展，新的学科和交叉学科不断涌现。在教学中需要注意强化综合培养意识，建立交叉学科培养的教学机制，突出宽口径教学和跨学科教学，使学生在未来竞争中具备突出优势。高校管理者要充分调研市场需求，借鉴国内外成功的跨学科教学做法，并注重与本校的实际相结合，将必修课程和选修课程加以科学分类和交叉学习，加强校内院系学科的互通性，包括文理交叉、跨门类交叉。这样可以充分锻炼学生的综合学习能力和实践能力，使学生更具创新性和创造力。

在专业设计上，高校管理者要提供更多的专业和课程，使学生能够根据自己的爱好和特长制订符合自身优势和兴趣导向的培养目标，从而提升学习积极性，开展自主学习。学校要为学生提供跨专业、跨班学习的便利条件，完善课程积分机制，抓住交叉学科的优势，组织教研人员和配备教师，形成有机制、有规划的跨学科教学体制，激发多个部门的创新意识，为社会培养更多的综合型人才。

3. 高校教学管理课程体系的改革

针对当前高校课程体系评估的改革需求，需要进行如下调整和改进：首先，加快学科课堂体系的整合步伐。对各学科的课程目标、课程范畴和教学基础设施进行深度研究和优化,以增强整合的效果;其次,重视课程体系的完整性。丰富的教学内容和充足的课内外时间有助于学科课程体系的完善;再次,确保学科课程体系的可持续发展。随着社会的进步和科技水平的提升,课程体系应及时进行自我调整和更新,以满足社会发展需求;最后,确保课程体系的平衡结构。在课程内容设置上,应兼顾传统教学理念与新思路、新思维的融合,保证课堂的原发性和继发性层次结构与内部关系的高度整合,以发挥整体作用。

二、高校教学管理模式的"社会化"路径

随着信息科技的持续进步,高校教师和学生的思维方式和职业生涯都有显著的转变。教师不再只是专注于学术研究,也需要在各类行政事务中投入时间;学生也不再只是专注于校园学习,而是更加关注社会的各个层面。因此,对于高校教育管理,必须采取自主行动,以开放和创新的方式迎接"社会化",适应不断变化的环境发展。高等教育的开放性要求对教育管理进行"社会化"改革。高校与政府、市场及社会的交互已经进入了一个非常密切的阶段。高校作为一种公益性质的非盈利机构,其核心使命就是为社会提供服务。因此,在推动教育进步的过程中,高校必须满足社会的期望,并致力于推动公众福祉的增长。

在教育管理的过程中,高校必须理解社会的需求并参与其中,同时也要接纳社会的参与和建议。因此,从服务社会的角度来看,高校教育管理必须"社会化";从社会实践和就业实习的角度来看,高校教育管理也必须"社会化"。现在,高校教育正面临着许多挑战,特别是关于高校毕业生的就业问题。因此,除了在课堂上学习理论知识和技能之外,学生还需要参与社会实践和就业实习,以增强他们的就业能力。作为一个独特的学习阶段,高校教育机构承担着诸如人才培养、创新科研、社区服务等多重职责。在根本上,学生、学校和社会是紧密相连且相互作用、相互影响的。学生需要掌握理论知识,具备基础的社会技能。学校不仅要教授学生知识和技能,而且要引导他们更好地融入社会。对社会来说,学生在社会中的良好生活状态对社会的持续发展有着重要作用。高校教育管理的关键步骤是将学生从知识积累型的学生转变为能够

进行创新性研究的社会型。所以，高校不再仅仅是一个神圣的学习场所，而是一个学生接触、理解和适应社会的过渡性平台。

（一）传统高校教育管理观念的转变

学习与国外的科学和文化相关的知识技能，效仿先进国家已经展现成效的工业管理，但是参与或负责此项工作的人在观念、思想、态度、心理和行为方面都需要现代化，否则"学习"和"效仿"的初心将很难实现。为了跟上社会发展的步伐，高校教育管理必须适应社会，并吸收社会营养以更好地促进发展；高校必须满足社会发展的需要，重视社会责任，促进社会发展。

高校必须明确认识到，当高等教育需要与市场经济相适应时，就需要"社会化"。这样，它能够在有限的人力、物力和财力中发挥出更大的作用，从而更有效地推动教育质量的提升，实现社会经济效益的最优化。因此，高校教育管理必须坚持开放、社会化的原则，与社会保持紧密联系，加强互动，与社会协同起来对学生进行教育，在高校教育管理中融入社会管理的力量。

（二）专业人才培养的改革

为社会培养实践和专业人才是高校教育管理的主要目标之一。如果仅依靠严肃的理论知识和"形而上学"的研究，将无法实现这一目标，只有在获得知识的基础上，创新地解决在专业领域遇到的困难，才能实现以上目标。为社会培养实用人才应认识两个方面：一是为社会培养人才；二是培养实践人才。高校不只是教育学生的场所，还应当负责学生的就业。高校必须善于教育和培训人才以及输出人才。因此，建设符合时代和社会要求的高校课程是必然的解决方案。

高校学生面临的诸如专业不符、经验短缺和研发能力较弱等问题，已经上升为学生就业的主要难题。因此，高校首先需要应对的挑战就是就业问题，并且需要针对性地进行处理。高校必须攻克的难题是开设符合社会需求的事业，了解社会和企业需要的学生类型，根据他们的需求有针对性地开设专业，培养适合的学生。高校可以根据社会需求开设专业，跨越不同专业之间的界限，建立多学科和新型的综合性新专业，提升学生的综合技能。

此外，此类策略也能够应对现代社区及公司对多元化专业技能的期待。高校可以与企业联手，一起开展教育，实施特定的教育和专业人才的培养。这样一来，不仅可以为学生提供最新的知识，而且可以提高他们的专业实践技能,并能够为企业提供一批杰出的实用人才。这是一个解决学生就业问题和公司用人问题的双赢方法。

(三)促进高校教育管理机制的社会化

在教育领域,高等教育的管理实质上是行政的,高等教育的管理结构即为"行政结构",或者说,它属于"行政结构"。但这种单一的管理机制无法满足社会的多样化需求,因此,"去行政化"十分重要。目前,在部分高校中已经实施不少"去行政化"的改革措施,但是由于教育体制极其特殊的原因,高校行政职位始终处于政府级别层面,"去行政化"无法解决当前高校的行政问题。因此,必须完善机制,规范管理,促进高校教育管理机制的社会化。

在高校教育管理中,除了政府机构、高校与非官方的公共服务单位之外,还涵盖了盈利性的实体。同时,需要设定一套相应的规章,以确定所有这些教育管理单位的职责和义务,这样才会吸引更多的个人根据需求加入到教育管理中。教育管理的社会化应与我国的具体国情相结合。高校应该为行政部门设立一个行政管理团队,负责校级以下的行政事务,这种方式与雇佣职业经理人相似。学校可以选择雇佣校外的专业团队,或者创建专业的管理制度,提高教育管理的效率和收益;也可以尽可能地鼓励社会各界的参与,让社会各方都有机会参与到高校的决策、运行和管理中。

(四)构建融入社会的生活环境

从高校教育环境的状况来看,学校在很多方面对学生进行了优化和保护,因此,大部分学生的成长受到了一定的限制。毕业后,学生为了适应社会环境,实现从学生到社会人的角色转换,需要花费较长时间。随着学校周围环境的变化及自身的发展和变化,校园的生活环境已经逐渐被商业、社区和贸易等渗透。

高校应该减少对学生的"家长式"管理,与周围社区建立联系,融入周围的环境,形成自己的小生活圈子,并且成为社会的一部分。学习和生活之间没有距离,在这样的和谐生活环境中,学生可以自然地适应社会的节奏,融入社会,从而真正全面发展并减少毕业后为适应社会所需的时间。

(五)鼓励学生参与社会实践活动

随着市场经济持续进步,高校教育管理逐步走向开放。在人才培养方面,高校已从纯理论教学转向理论教学与实践相结合。社会实践是学生了解社会的基础，是学生融入社会的桥梁，是学生承担责任和为社会作出贡献的有效方式，也是推动学生社会化的重要途径。因此，有必要建立长效机制以改进高校教育管理，激励学生积极参与社会实践。

在学生教育中，应制订相应的学生社会实践规范，将学生社会实践从选修课升级为制度化的必修课，并纳入教育体系和教学计划。同时，高校应加强与社会的合作，并按既定流程执行，确保社会实践的顺利进行。为确保权威性，可以设立一个部门负责监督过程和质量。对于未按流程执行的负责人，应予以严肃处理，追究其责任，确保流程的执行和教育管理流程建设的顺利进行。

第三节 高校学生管理的模式创新

一、高校学生管理模式创新的基本原则

（一）学生是高校学生管理体制中的重要主体，而非被动的客体

在高校学生管理架构里，学生既是管理任务的目标，又是任务的主轴。因此，需将学生当作核心，所有的学习任务都应围绕他们来推动；尊重每一位学生，公平地评估他们，准确认识他们的区别，并依照他们的独特性质实施针对性的教育，这些都是非常关键的。教师需要发现并欣赏每一位学生的长处，赋予他们自尊、自信、期待。对于学生的管理，教师必须以真挚的态度去交流，并且构筑出一种正面的关系。他们的职责不仅是指导，而且包括提供帮助，以便在教育环境下营造出有利于学习的气氛，并且使得学生能够轻松地吸收知识。而在所有的教师性格属性里，最能赢得学生青睐的就是那种温暖而又充满活力的态度。对待学生要像对待亲人一样，坚信他们的行为是由内在驱使的，坚信每个人都具备自我成长与自我提升的可能性，解决个人难题的技巧。致力于构筑充满爱心的教师与学生的联系，会对学生的管理任务产生巨大的影响。

对高校学生的管理任务，必须建立完备的法律法规来保障其落地。始终秉承以人为核心的高校学生管理观念，从法律法规的初始阶段就应该注重人性化的思维。随着我国社会经济文明的发展与教育体系的变革，高校学生管理条例也已经按照现实的需求做出了适当的修订与优化。高校学生规定与体系的构建必须符合他们的身心成长模式。制定体系的手段与战术是体系操控的关键，

只有采取正确的手段与战术，一个好的体系才能真正起到它的功效。

学生的管理行为是一个持续进步的阶段，其中，人文关怀的表达尤为突出。在此阶段，管理者和接受者必须建立平等的对话和互动，确保学生拥有足够的表达自由，这正是人文关怀的关键所在。在做出关键的经营决定之前，需要设置一个让学生有机会表达自己观点的体系，尤其是在进行严厉惩罚的时候，需要给予他们足够的反馈和申辩的空间，这是一项至关重要的公共权益。在管理过程中，始终需要坚持公开、公正和公平的原则，所有与学生相关的规章制度都应让学生了解，所有与学生利益相关的事项都应实行公示制度。同时，在具体执行规定的过程中，也应处处体现以学生为本的理念，注重保护学生的自尊、隐私等权益。

在进行学生的管理任务时，对于学生的核心角色，需要给予足够的认可，鼓励他们的积极参与，充分展现出自身的主观能力。教师应该给予学生更大的学习空间，比如，允许他们在选择专业、选择教师、选择学习手段、决定毕业时长等方面拥有决定的权力。唯有如此，他们才有可能挑选出最符合自身特性的教育策略，充分利用自身的长处，彰显自身。

（二）全方位贯彻以学生为本的管理原则

在构建和巩固市场经济体系的过程中，我国的高等教育开始展示出益受者的多元化和行动者的个人化的特点，这为个人赋予了更多的自立和自决权力，进而能在更大范围内自主决定自身的成长途径和方式。并且，高等教育并非强制性的，教育费用需要担负，学生也需要承担学费，这等同于将学校定位为市场的供应端，学生反而变成了需求端，也即教育产品的"用户"。这样的市场经济体系的引入，改变了学生在高等院校内的地位和身份，为赋予学生学习的自立和自决权，为学生的主角地位提供了制度性的保障。这样以学生为中心和主角的教育理念，将学生视作高等教育的用户，坚信高等院校应为学生的成长提供教育服务。也就是说，从某种程度上说，应该将学生看作学校的用户和需求端，学校则应作为服务提供端，满足他们的需求。

首先，学校应实施一种全员参与的教育模式，这种模式对教师、校务管理者和后勤人员的积极参与有所要求。学校环境内也应积极推动并形塑教育渗透在教学、管理和服务的观念，热衷于实施"全方位教育"策略。

其次，对学生有信心，让他们具备"自我管理"的能力，通过学生的力量来推动高校学生的管理工作。随着市场经济的进步，高校运营已经走向了市场化，学校在这个市场上扮演着销售者的角色，而学生则成为购买者。作为提供学习服务的机构，教育机构的接收者就是学生。评议教育效果优劣最有权威的应当是学生，他们拥有选择接受哪种服务的自由。如何优化自身的服务质量，尽可能地满足学生的需求，从而在教育竞争中保持领先地位，这是高校所面临的紧急且巨大的挑战。

学校必须认识到，其存在依赖于学生，没有学生就没有高校。在数量和意义上，学生都是高校的核心。高等教育的目标在于培养人才，因此，高校学生需要得到教育和引导。外部影响需要通过内部因素才能发挥作用，学生工作者应引导学生从认识自身素质和个性特点出发，进行整合和调整。

在适应社会需求的过程中，学生可以展现自我，发挥个性。从这个角度看，高校学生也是教育和管理的对象。学生与领导层的联系是相互对立的，所以，需要把学生的需求放在首位。一方面，确保学生是管理的核心，无论是做出决定、执行还是达到目标，所有的环节都需要依赖于学生，使他们能够积极地投入其中；另一方面，发挥管理者"培养人才"的功能，坚持管理就是服务的理念，所有管理活动都应服务于学生的成长和发展。因此，教师应尊重学生的合理需求，关注学生的成长需求，认真听取学生的意见，努力改进管理工作中存在的问题，以更好地服务学生，推动他们成长。通过这种方式，学生可以得到更好的发展，高校也能实现其教育目标。

学生在教育过程中扮演着重要角色，教师必须对学生自我学习的权利给予足够的尊重与确认，同时也要让他们的主观能动性得以最大化的体现，并且要尽可能地激发他们的学习潜力与才华。教师需要鼓励并推广学生进行"自我管理、自我教育、自我服务"的行为，以此来持续地训练并提高他们的独立思维、分析及解决问题的能力。"自我管理"在本质上代表了一种公正、包容和充满人情味的教育方式，这对于达到学生的发展目标极其重要。

此外，应围绕学生如何成才构建新的教育质量评估体系，以高校管理和服务是否满足学生的合理需求、学生能否在高校的服务中获得个性发展、学生能否获得充分发展的机会作为评价体系优劣的标准。学生在接受高等教育时，其消费行为是独立的，他们参与这项活动的目标和期望呈现出多样性。由于学生是高等教育的中心，因此，对高等教育的品质进行评估时，必须考虑学生的选择是否受到了充分的尊重以及他们的消费需求是否被满足。

二、尊重学生的自我实现原则

教育本位主义的核心理念是教育作为本质。它强调教育的"最终目标",关注教育的价值以及自我认知。这种教育观念着重于教育的情感、审美体验以及对无尽和永恒的追求。它专注于学生的内心世界和主观世界的演变,深度探索学生的内在需求、情绪、动力和主观意愿,以满足学生的生存需求为目标,挖掘他们的学习潜力。

人的发展本质在于内在潜能在后天环境中的充分实现,这是人类与生俱来的动力。这一过程是个体成长过程中不断与所处环境相互作用的结果。在此过程中,教育应更加关注学生的全面发展,而不仅仅是学术成绩。

当个体形成"自我"时,意味着他与环境有所区别。而在这个过程中,外界对个体的评价,无论是积极的还是消极的,都会对个体成长产生深远影响。因此,教育应当关注人的全面发展,以培养出情感丰富、审美敏锐、人际关系处理得当的个体,使他们在社会中更好地实现自我价值。

作为每个个体的学生,都需要对照自身的发展和成长情况,衡量自身的进步。因此,教育工作者需要根据个别的差异,对每个学生做出公平、客观的评估,让他们明白自身的学习状况,是否实现了设定的目标,未来的奋斗路径,并且能够运用恰当的自我评估技巧,增强他们对学习的积极态度,从而真正做到学习的主导。同时,教育目标既包括知识和认识能力的发展,也包括情感的发展,它是对整个人的教育。因此,当对存在人格问题的学生进行教育时,学生管理者需要在情感和理智上做到平衡。首先,他们需要找出造成这种问题的根源,针对性地采取措施,设计出适当的教育方案;其次,他们需要耐心而细致地进行思想引导,通过情感和理智的交流,倾听他们的话语,观察他们的行为,从而逐渐塑造出他们完整的个性。

在当今社会飞速进步的背景下,教育的宗旨应当是推动学生的成长,涵盖知识和理解技巧的提升,塑造出具备适应变化并掌握学习技巧的个性全面成长的人。随着高校学生学习环境、学习工具、沟通方式等实际情况的转变,应当倡导将学生的自由和全方位成长作为教育的最终目标,倡导轻松、自由的学习氛围，唤醒学生的学习热情，增强学习成效；教导他们"如何学习"，让他们明白如何运用尖端的工具来获取知识，这对于他们的自我发掘、自我探索大有裨益，也有助于他们培养联想思维，并建立新旧知识的关联。

三、刚柔相济的管理原则

（一）刚性管理和柔性管理的特点分析

坚定执行各项规章制度，通过组织结构和权力分配进行全面严格的治理，便是所说的刚性管理。实现刚性管理，需要建立一套周全的、科学的管理制度，同时配合严格的奖罚制度。对于组织内所有成员，这些规章制度具有约束力和强制性，无论是哪位成员或是因为任何理由违反，都需要承担相应责任并接受公正的惩处。刚性管理强调"控制"和"权利"，以此来实现统一管理。因此，其优点是可以保证工作秩序有序、个人行为一致，能有效处理突发问题和矛盾事件。但是，刚性管理的缺陷在于疏忽了人性因素：组织管理的核心是人。每个人都有自己的思维模式、才能、精神需求，如果忽视了人性的复杂性，只利用权力和规定来约束和牵制他们，可能会引发人际关系危机，不能激发他们的积极性和主观能动性，进而可能阻碍组织的长期发展。

柔性管理核心在于人性的重视，其决定权基于组织的价值观念、文化背景和环境氛围，倡导以人为本的管理方式。这个模式通过非强制性措施，形成无声的影响，进一步将组织决策转换为自愿行为。其最大的优点在于，其强大的力量不是来自外部强制，而是源于对人性的领悟和释放，对权力的合理分配和民主化管理，激活每个成员的潜能、积极性和创新意识。然而，柔性管理也有一定的局限性，由于其巨大的灵活性、高度的可修改性，如果操作不当，可能引发混乱。并且，由于主客观条件的制约，可能无法满足组织成员无限的提升需求，这可能会对柔性管理的实施产生影响。

不言而喻，这两种管理方法各有其独特的优势。因此，管理者应巧妙地结合这两种方式，以取得最大的互补效果，充分提升管理效果。同时，实行人性化的管理方式需要管理者投入大量的精力去了解和关心高校学生，满足他们的情绪需求，创造一个和谐的心理氛围，这样才能在尽可能大的范围内影响他们的思维、感情甚至行动，但在现实中，这的确是困难的。再者，柔性管理是基于师生之间高度的"感情"和自主的"意愿",并依赖于校园文化环境的隐性影响,使用激励作为驱动力,以达到"无为而治"的理想状态。然而,这需要学校领导及所有的教师和学生长期的付出与积累,其管理周期较长,故在短期内不可能立刻看到效果。

(二)营造刚柔相济的高校学生管理工作氛围

采取刚柔相济的治理方法,需要构筑一套合乎逻辑且恰当的法律法规。通过设置并落实所有的法律法规,运用如约束、监察、处罚等强制措施,以保证学生按照特定的行为准则来完成课程,这不仅是保证学生管理顺畅的根本准则,而且是维持学校秩序并确保教育品质的关键途径。尽管如此,对于法律法规的监督并不是无所不包的,仅仅依赖于约束和处罚是无法引导学生主动去达成学校的期望的。所以,在设立和实施法律法规的过程中,需要特别关注其灵活性。在规章制度制定方面,应既体现对人的要求,又尊重和信任人,将管理制度提升到人性化的高度。采用充满人性化的体系进行教育,让学生在接受教育的过程中体验到关爱与援手,进一步减轻他们的抵触情绪。此外,也能够借由学生领导的"听证会"进一步优化体系,尽可能地达成"以人为本"的目标。对于解决方法,应坚持"教育优先"的原则。如果学生有违反纪律的情况,需要重视"治病救人"的原则,通过"明确说明、感动人心"的方式,使得学生能够深入了解自己的错误,而不是简单地执行纪律。关键在于帮助学生增强知识储备,洞察内在,实行严谨且富含道德感的规定,让他们能够深刻感受到组织的关心与信赖,进一步诚恳地纠正他们的过失。

在坚韧与温顺之间,需要更偏爱"温柔"。需要深入探索高校学生的精神属性,以关怀、理解、真挚的态度去面对他们,理解并尊重他们,为他们创造更广阔的个人成长机会。执行以充足的授权为前提的独立管理方法,需要领导层对学生持有足够的信赖,相信他们具备自律和自控的能力。领导人员必须在给予足够权限的前提下,帮助学生进行各种各样且完整的独立管理;此外,他们也要持续提升学生的独立管理技巧,并设置适当的监督体系。

引领学生执行自我鼓舞、自我协助、自我监督、自我检视和自我评定的职责。借助学生的自我监督,尽可能地唤醒他们的热情与创造力,开发他们的能量与个体价值,加强他们对于调节和掌握自身思考与行动的积极态度,同时也能够提升他们的综合能力。教育管理的主要目标在于构筑一个富有弹性的管理环境。这种环境代表了一所学校的个人形象或者团队的精神，它是由所有学生彼此的理解所形成的，并且它还起到了联系并改变所有学生行动的作用。优秀的班级气质是塑造校园气质的核心因素和基础。对于班级气质、校园气质的塑造，强调的是塑造一种团结、协调、贡献、奋发向上的文化环境。群众的看法与社交互动为学生的工作管理提供了一个实质的环境。群众的观点可以作为学生决心的证明，高校管理者采取多样化的方式，使得学生能够全面地阐述他们在班级事务处理上的看法，这样既能促进实施多样化的管理策略，又能激发出他们的积极参与精神及创新思维。人际交往涵盖了教师与学生的互动，以及同伴之间的互动。这种互动对于构建团队精神氛围起着重要作用，它直接塑造了每一个人的精神世界，并且决定了他们的主动参与、积极态度和创新能力。另外，可以通过打造富有人文气息的校园环境，占据校园文化的宣传阵地，构筑校园文化的平台，并借助校园文化艺术节活动，为学生提供一个展现自我特色的舞台，从而全方位提高校园的文化水准。

第六章　教育教学管理创新理念

第一节　坚持创新理念

一、统筹理念

统筹是从数学演变而来的系统科学的概念，主要关注的是包含了一个事件的进步或者实施的全面的计划、指导、服务、支援的流程。政府的全方位管理，就是从大局角度出发，深度剖析问题，设立工作方案，整合并激活创新思维，以提供全方位的服务。这就要求我们在平衡和调和各种利益方面，达到整体的均衡、规划的恰当性、权衡的优劣、人与自然的和谐、思想的统一以及工作的高效执行。所以，政府在高校教育的整体策划上，也能够基于这一理念进行。也就是说，政府需要进行整体策划、整体指导、整体服务和整体保障。

通过对高等教育的总体布局，政府可以全方位地控制它的增长速率、规模、品质、架构，促使管理、操作、评价的独立，形成了政策与实际工作的独立、职责清晰、协同一致、标准化的管理系统。

推进高等教育的深度进步，是依照其发展方向制定的新的引领准则，它构成了"提供让公众满意的教学"的稳固支撑，同时也为"全方位执行素质教育，深化教育领域的整合改革，优先提升教学质量，激励学生的创造力"提供最佳的支持，而且，它还是塑造道德、智力、体质、审美全方位成长的人才的重要步骤。采用内含性的成长方法，也就是根据科学的成长理念，选择更加注重收益和品质的创新成长道路。收益、品质和创新是这个过程的三大要素，它的中心是达到内涵性的成长，主要任务是推进学科的构建和系统的构建，它的驱动力来自不断的创新，它的保证则是构筑和谐的校园环境。

首先，为了有效指导，必须构筑一个包含多个学科的高等教育体系，并执行学术发展的分层管理；改革高等教育的人才培养策略，以增强其质量与深度；强化对高校学术的监控与评估；全盘推动所有层次的高等教育的均衡发展。

其次，应整体规划出与国内实际相匹配的高校教育资格、人才吸纳、入学品质等多个指标。在提供全方位服务的过程中，应当加强对于高校教育的整体创新，促使教育行业的科技发展。积极履行社会义务，以应对社会对于创新型高校教育日益增长的期待，使得公众能够感受到满足。同时，必须始终秉持人本主义的原则，保障、捍卫学校全体师生的基础权益；吸纳全球的创新型教育资源，以增强中外联合的教育质量。

最后，在整合援助的过程中，要确保提升高校的教育管理自由，优化具备我国特点的现代高校结构；要综合考虑并完善以政府财务援助为核心、社会捐赠用于教育的资金，并在一定程度上独立寻求高校教育市场化稳步发展的策略；要设置由地方政府管理的高校教育任务评估制度；要尝试设置由政府监管的高校机构工作流程。

二、参与理念

对于高校教育管理，其创新的重要性主要体现在：一是考虑到高校的整体性和开放性，如果想让教育系统维持其运行并进步，就必须始终保持其开放。高校应该积极寻求所需的物质、人才及经济资源，同时也不能忽略其与社会的深度关联。高校需要积极增强自身的开放性，并将自身纳入我国的社会背景之下，创造一个让社会更好地参与到高校运营的体系；二是由于经济及社会生活模式的巨大转型，学院教育的普及度正在逐步增加，如持久教育、专业教育等终身学习的制度也在逐渐被广泛接受，这无疑进一步刺激了社会对学院教育的积极投入；三是在激烈的商业竞赛背景下，对于专门人才的渴望和对抗已然变成商业运营的关键规律。像是企业这样的商业参与者，正在努力增进与高校之间的协同，投入到高校教学的实际操作中，目的是找到能够满足他们个人需求的优秀人才。终究，高校独立运营所引发的职场竞争、资金投入及后勤服务社区化等创新都应获取社区的援手。概括而言，高校吸纳社区各界的参与管理是必须并实施的。

在高校管理革新过程中，社会的积极参与主要表现在：首先，大众对于高校的决定有着重要影响。为了让高校的决策系统、操作模式、组织架构等内部问题能够受到公正、科学的审查、回应和提出意见，必须积聚更多的知识和能量；其次，由于市场的控制力量，高校的行政权限受到了更大的限制，导致社会在高校运营中的各项具体活动日益复杂。高校的专业和课程安排必须考虑到市场的需求，高校教学管理必须紧跟社会的真实情况，并且，高校内部事务的透明度也显得至关重要；最后，高校的社区服务职责让大众有机会在高校教育、科研及其他尖端领域中发挥作用。高校和企业的协同工作就是大众参与的实际展示。

高校教育改革是一个全面的项目，它的胜负取决于它能否在市场竞争的环境下通过社会的考核。所以，高校必须明确当前的发展需求，增强对社区的服务，培养对社区的服务观念，同时把社区的参与视为自身管理改革的核心部分。通过将科学研究的结果应用到社区，增强其公众认同感和影响力，从而达到满足社区对于创新的期待。高校教育的各种需求、高校教育的向社区发展，以及高校教育资金来源方式的多样性，都需要社区的积极参与。这既代表了高校教育的普遍走向，又构成了高校教育内部管理体系健全的关键支撑。

三、公共利益理念

所谓的公共利益，其实就是涉及大众、相关的以及满足大众、公共使用的需求的利益。这种利益在整个国家和社区中处于主导地位，并非仅限于特定的领域或特殊的行业。有关文件指出，教育行为必须服从国家和社区的公众福祉。这种福祉源自人际关系的互动，构成每一位公民最后的价值追求，象征持久的、大众的、全局的个人福祉。高校教育的受益者可被划分为国家、集体及个人三大类。其中，国家利益涉及国家通过高校教育的进步所带来的人力资源开发、科学技术的推广等政策收益；集体利益涉及高校内部不同的权力参与者在竞争的过程中所取得的权力收益；个人利益涉及那些在高校的学习过程及其相关行为中，他们能够享有的参与、维护成果的权力。而这三种利益的实现仅仅依赖于他们基础和直观的收益。因此，如何平衡各方的利益冲突，以达到全面的受益，便成为公众利益导向的核心思想。

高校教学改革与社区的公共资源与财务分配息息相关，它对所有的社区成员的福祉产生了深远的影响，因此，这种改革的结果必须被全社区所接受。

高校教学改革的公益属性是广泛的、社区的，它涵盖了从国家级别的经济收益、政策收益、文化收益、道德收益，到社区级别的经济收益、文化收益、政策收益，甚至是个人级别的实际收益和心灵收益。对于高校教育管理来说，寻求公众福祉是其中的关键价值观，也构成了高校创新的基础与起始，更是平衡各方面的共享目标的引领准则。

四、质量至上理念

国外有关文件将高校教育的品质视为一个多维度的观点。这个理论包含两个主要部分，首先，它涉及"层次"的议题，即高校的教学品质是由许多层次的品质组成的；其次，它涉及"方向"的议题，即高校的教学品质是由许多不同层次的品质组成的整体。

通常，高校教育体系会被划分为探索、教授、教导和高等职业技术教育四种。每个高校对于质量的期望、人才的培训策略和教育观念都具备独特的风格，而这种风格的差别是由于其学科、专业和学术领域的独特性质所引发的多样化的质量需求。尽管如此，由于高校社会资源分布受到了限制以及政府资源的主导，我国高校等级划分开始表现出相似或者趋向一致的特点，高校教学品质的等级差距已经因其自身的进步而减小。但是，随着社会的进步，社会的职责分工及资源的特殊性越来越明显，高校教学品质的要求也越来越多元化。由于高校教育等级划分不清晰，使得职场环境变得更加糟糕。

针对高校教育的品质提升，除了需要政府的协调之外，更关键的因素在于高校的自我设定。高校的历史沉淀出其独特的文化含义，这些含义构建了高校的人文价值，并通过这种价值形成高校的精神，也就是校训。在高校教育创新过程中，遵循教育的原则进行教学，实际上也是对高校文化遗产及人文环境进行独立的管理。高校教育品质既包括学生的素养、教职人员的能力，也包括图书馆的使用效率、学术演讲的品质、学校的后勤服务品质、学术气息的开放和民主性。

需要高校树立质量至上的学习理念，对于教育目标、教师与学生的角色定位、教育课程、教育模式、教育手段、测验方式、教育理念等诸多领域进行优化。比如，增强学生的社会责任感，关注决策思维和技术训练；以学生为中心，注重知识的吸收和运用，并鼓励他们主动参与；让学生在学习过程中扮演主导者的角色，积极寻找学习热情和努力方向；增强教育课程的基础性，提升课程的深度和广度；发展学生的个性，激活他们的扩散性思维和创新性思维；鼓励公平竞争；激活教育手段，强调社会实践；扩展高校社会研究领域，专注于科学最新的知识，提升学生掌握知识的技巧，利用知识水平的提升来应对数量的增长。

第二节　把握职能定位

高校是实施高校教育的社会组织，主要功能是做学问、传授知识和服务社会。结合我国悠久历史文化传统的特殊需要，我国高校可以归纳为"人才培养、科学研究、社会服务、文化传承创新"四项基本职能。从四项基本职能中，可以归纳为教书育人是目的、科研输出是手段、个性发展是理念、服务行政是模式。

一、突出育人

高校教育的主要责任是人才塑造、科技探索、对社会的贡献、对文化的继续创新。为了促进高校教育的深度发展，必须妥善协调人才塑造和科技探索之间的联系。人才塑造被视为高校教育的基础任务，它在这四大责任中占据了主导地位，所有的高校活动都应该以服务学生的成长为目标。对于人才教育，其核心在于塑造他们的品德、学识、技能及身体状况，也就是"道德智慧、身心健康"。高校的主要职责在于培育具有广泛且自主成长的专业人士，以及打造出适应中国进步的优秀人才，这也正是我国高等教育现代化的重要任务与重要准则。达成这一主要职责的方式就是通过知识的灌输，所以将其总结为"教书育人"。"高校的核心理念在于明晰道德，亲近民众，并追求至善。"高校的主要目标在于培养具有专业技术的人才，强调对创新能力的提升，实现科技知识与人文修养的结合，以此塑造全方位成长的优秀人才。

首先，构建一个以学生为中心的高校教学品质评估机制，将高校教学的焦点置于学生，从学生的成长和感受入手，确保学生自我学习知识，并全面检查和评估授课的品质等，这些都是高校教学评估考核的主要部分。为了满足市场经济的发展需求，需要培养学生的创新思维和竞争力，使他们掌握多元化的知识。此外，高校教师也应积极投入到社会实践中，以增强他们对社会需求的直观理解，并突破高校教育中的自我封闭性。

高校教师和研究员通过他们的社会经历与操作，不仅有助于增强他们处理现实问题的技巧，而且能够增加教学资源，并向学生传递他们所需的社会技术。同时，这也有助于让他们更准确地理解社会的真正需要，强调培养他们的创新思维、终身教育理念、基础的学习能力，并推动以学生为中心的教学改革。

二、注重科研

科学研究的效益在很大程度上依赖于科学研究管理者的整体能力，涵盖了知识、组织、道德、服务等各个领域。因此，高校教育机构必须设置完善的科学研究的培养体系，确保科学研究的效益得到有效的转移，并鼓励他们积极参与到科学研究的产出中。在将科技转移到社区的过程中，科研管理工作必须致力于四个方面的主动性，也就是主动规划、主动组织、主动追踪、主动管理。高校必须增强对科研主题的规划及项目的申请策略，提升对于科技成果转移及获得奖励的规划认知，鼓励科研领域的跨领域创新团队的形成，并且扩展社区协同企业的技术成果转移平台的推广范围，优化科技推广的追踪系统，促使基础研究和应用研究有效结合。高校需秉承将卓越的科学探索视为人才塑造的根本原则，鼓舞教职员工全力投身于可以提高教育水平、推动理论革新、助力经济社会发展的科学探索，同时也需将其研究结果迅速地整合至教学过程。此外，需要妥善管理好科研与教育的联系，培养出以科研支持教育、以科研支持教育为社会贡献的观念，以此来增强高校的科研能力，提升其在学界的影响力和学术地位。

三、坚持个性发展

从基础层面来看，高校管理是一种富含创新的知识和科研组织，尤其在我国高等教育管理创新的环境中，它必须拥有一种积极的创新意识。只有这种创新意识，才可以打造并建设一所深厚的发展型高校，从而培养出独一无二的个人和团队；从个体的角度来看，无论是学生还是专家，都有责任保持他们的思考独立、学术自由。个性既反映出一个人的整体精神状况，也体现出他们的特殊心理品质，而个性的发展就是一个人的独特、创造力和积极性的体现。

首先，高校学生必须塑造他们的理想与健全的品质。在设定和实现个人的短期目标、中长期目标、远大理想的过程中，将个人价值和社会价值融为一体。通过高校的文化和学术平台，高校学生需要通过自己的努力和平台的支持，致力于服务国家和社会。培育出集体荣誉感、团队协作精神、奋发向上的意识、对生活的热爱、严谨的求知欲望、无畏的探索态度、全面发展的思维方式等个性心理特质，同时也要培育出人文修养、社会责任感、道德良知、兴趣爱好和体育活动等社会人格元素。

其次，高校应该培养学生的创新意识和能力。创新精神的根基在于个性发展，其目标是以人为中心。通过对高校教育知识的接触、传播、研究和深入了解，高校学生会根据自己的兴趣和爱好，通过寻找知识的真谛，激发出创新的动力，提升他们的创新意识和能力。这样，高校学生的职业热情、责任感和使命感就会在个性的塑造过程中自然而然地产生。

最后，高校学生可以扩大视野、拓宽思维。他们可以通过高校的知识平台和教育交流项目，掌握全球最新的知识，理解人类发展的难题，接受国内外先进思想知识的熏陶，总结出他们的志向，并设定他们的人生崇高理想。

高校学生充满了生机与自律。他们在保持身心健康的过程中，能够抵挡住社会观念的影响，优化自己的行为规范，投入时间与精力，利用他们的青春活力与创新意识，追求个人价值的达成及社会价值的显现。观察教育体系，有必要加强高校的独特性与文化根基。首先，应该丰富高校的内部精神。深度探索高校的历史文化根基，吸收现代的教学观点与思维精华，继续并清晰地定义高校的任务与目的；其次，塑造高校的个性化理念，提升高校的职责意识与荣耀感；最后，改进高校的文化架构。对高校的规章制度进行改进，促进制度的革新，使得高校的理念与行为模式能够融入规则的构造，并反映在教职员工的日常活动之中，借助规则来促进高校的文化独立成长。

四、着眼服务行政

服务行政是指高校的行政权力应该根据高校的全体教职员工和其他利益相关方的真实需求进行服务，并将提供创新且令人满意的服务作为主要任务，同时也需要持续优化服务保障机制和服务系统的管理方式。

高校服务管理需要平衡学术权力和行政权力之间的联系。首先，两者的逻辑必须同时考虑。独立运用学术权力构成了高校的学术自由、民主治理和公正性的基础。执行行政职责对于高校的管理效能及运作规则起着关键作用。只有当两方达到动态均衡并相互协作，才能达成我国高校独立成长的愿景；其次，两者的权利范围必须清晰。依据高校规章制度，构建各自分工、协同合作、相互约束的关系。这两个元素是高校权力结构的核心组成，而高校的权力建立在这两个元素之上，因此，行政权力需要以高校的权力为依托；最后，高校的政策影响力建立在机构结构的支持与框架之上，其中，行政影响力被视为系统性影响，而学术影响力则被视为权威性影响。为了维护学术影响力的合理性与权威性，必须借助于系统性的规划来确认其在政策影响中的责任分配与协同作用，促进高校教育机构的权利流动。

第三节 构建权力结构

我国高校的权力主要包括政治权力、行政权力、学术权力和市场权力。其中，政治权力由党委书记领导的校政党组织掌握；行政权力由校长领导的行政组织掌握；学术权力由高校学术委员会掌握；市场权力则代表社会需求。高校教育管理创新是一个复杂的系统工程，其中，构建相互制衡的权力结构是至关重要的一个子系统。

在高校教育管理的大系统中，内部和外部环境相互影响。外部环境包含许多因素，如国家和政府的调控、市场和社会的需求等，但其中，市场是最核心和最关键的因素。经济体制创新是全面深化创新的重点，核心问题是如何处理好政府和市场的关系，使市场在资源配置中起决定性作用，同时更好地发挥政府的作用。市场参与是抓住外部环境中市场的关键，也是发挥市场在高校教育资源配置中起决定性作用的重要步骤。

一、参与权

从历史发展的角度来看，市场权力在我国高校的演进过程中，其影响力主要通过学生报考志愿、选择专业、高校学生就业等途径得以体现，但其作用尚未充分展现。然而，随着历史的发展，市场权力在我国高校管理创新中的作用越来越明显。改革开放以来，市场力量开始逐渐渗透到我国高校的发展中，市场力量已经显著地影响了我国高校的发展。例如，已经形成了以公办高校为主体，社会各界广泛参与，公办学校和民办学校共同发展的办学体制，实行市场化的学费制度、就业环境和人才竞争；我国高校的专业和课程设置越来越重视市场需求，公办学校与私立学校的竞争也日益激烈。在市场经济的大潮中，经济意识、主权观念、竞争意识、自由精神、宽容态度、平等观念和共赢博弈正在我国高校中不断得到体现。市场权力的构成主体多样且多元，是我国高校自我体系外的多因素综合体全面展示，既包括国家和社会的需求，也包括市场刺激，以及国际化和全球化过程中的不断要求。市场权力的参与权主要通过以下三个方面行使。

首先，高校教育服务质量应符合实际需求。我国高校毕业生的数量持续增长，毕业生就业压力增大已成为无法回避的现实。因此，高校的教育质量需要更好地适应市场的需求和变化，重视学生的市场参与能力和条件，摒弃过度的以自我为中心的办学理念和教育观念。在此过程中，政治权力应发挥在我国高校发展中的调控作用。

其次，高校教育服务应进行创新。随着我国经济的持续发展和居民家庭支付能力的提高，高校教育资源作为最具潜力和回报的市场，其对外交流的范围和深度正在不断扩大。实现全社会高校教育资源的广泛交流，提高我国高校教育的世界影响力，显得尤为重要。

最后，高校信息应透明公开。信息公开将知情权、参与权和监督权融合在一起。随着我国政治体制创新的步伐加快，更多、更充分的信息不仅能够满足保护消费者的需求，而且能够提升生产者的效益。产品质量的信心能够激励生产者投资于质量改进，从而在市场竞争中取得更好的地位。

近年来，各类机构或团体纷纷发布我国高校排行榜，这种全方位、多维度的"消费者导向"的排行信息公布，需要我国高校在声誉、学生保留率、学术研究成果、专业排名等多方面和多指标的权重展示。这些与高校教育质量密切相关信息的公开，需要我国高校行政权力的有效管理和调控。

二、问责权

高校教育所倡导的机会公平和社会公正既符合当代社会的发展趋势，也体现了高校所具有的政治性特点。我国高校构建合理制衡的权力结构，不是简单地剔除国家和政府对高校的控制权，而是为了以党委为代表的政治权力能够找寻适合自身的权力领地，正确发挥高校"举办者"的作用。

首先，明确党对高校的领导地位。高校的政治权力是国家权力在高校中的具体展示，决定着高校发展的基本性质，决定着高校人才的培养目标及高校人才培养标准等重大课题。有关文件明确规定：国家举办的高等教育实行中国共产党高等教育基层委员会领导下的校长负责制。在党的领导下，校长负责制是我国高校特有的管理模式，旨在确保培养出优秀的人才，这也是我国高校内部明确的治理结构。同时，保障高校拥有相对独立的办学自主权。在当前公共管理理念盛行的社会背景下，我国高校政治权力的主体——校党委也应顺应时代发展，创新其政治权力的观念。校党委不应再以单一的领导者身份来管理高校，而应作为合作者参与其中。它应从微观管理转向关注所有权力主体的利益，鼓励教师、管理者、行政人员、学生、学生家长、社会用人单位、校友等各方人士参与高校的治理；应建立一个广泛吸纳各方利益的代表参与治理的机构，让这些利益相关者能够平等地参与高校的治理。

三、管理权

行政权力是确保高校高效运行和秩序井然的必要机制。通过高校行政权力管理权的设定，为行政权力在高校中的运行设置了合理的边界。这意味着，在校长的带领下，行政管理团队通过其工作，提升了学校履行职责的效率。高校的行政权力以校长为代表，主要体现在行政组织的协调工作。其管理目标、管理方式和结果反馈都要求校长为代表的行政权力具有高校整体观念，确保高校运行有序，并正确发挥高校"教育者"的作用。每个高校只有一个行政权力系统，权力的运行是自上而下逐级实施，最后实现行政权力的目标。随着高校规模的扩大和内部管理的日益复杂，行政权力的发挥面临着挑战。

高校的行政权力致力于实现人才培养、科技进步、社会服务和文化传承创新四大职能，可以通过两个方面来实现。一方面，行政权力代表国家和政府管理学校，发挥管理者的职能，主要通过科研和教学来实现人才培养、人才智力发挥和研究型与实践型科技成果孵化等社会价值实现过程输出；另一方面，行政权力塑造了高校内部自我管理的掌控者形象，主要通过协调组织机构运行、完善自我管理模式、提高高校内部资源配置和构建高校特色文化底蕴等自我价值实现过程流转。

上述行政权力管理职责活动原则必须以高校政治权力为依托，以学术权力为基础，以市场权力为标杆，实现高校的内涵式发展。高校行政权力履行要摈除高校行政化中不利因素，按照高校管理章程所限定的管理权限，强化高校行政权力的服务意识，创造高校学术权力充分发挥的制度环境和人文环境，实现高校与政府、社会、市场的有序工程。

四、专业权

（一）学术委员会

学术委员会由科技处和研究生部负责人及各学院和重点实验室具有正高级专业技术职称的代表组成，承担学术决策作用，包括学术水平评价、科研项目申报、科研项目评审、学术道德评审、学术规范教育、学术诚信教育、学术不端行为审查等职责。

（二）学位评定委员会

学位评定委员会以学科分布为主，由科技处和研究生部负责人以及各学院和重点实验室具有正高级专业技术职务的代表组成。承担学科学位评定作用，包括审议学位点申报、学位授予、学位撤销、指导教师审查等职责。

（三）教学工作委员会

教学工作委员会审议学校教学工作规划和重大教学创新方案，指导全校教学工作；审议学校专业建设、课程规划、教材编订、实验室及实践教学基地建设；审议教学奖项评审，推荐各类奖学金；审议学校教学管理规章制度；审议学校教育教学研究及项目课题申报；开展教学调研等。

学术权力肩负高校学生态系统中的特定组织使命，力求实现教学自由、学习自由、研究自由，与行政权力一并主导高校内部事务的决策，尤其对行政权力干扰学术自由权的行为活动必须坚守持之以恒的学术理性和自由平等的学术资格，重视学术权力的基础建设和学术人才的自我权益保护。

第四节　健全机构设置

高校作为一个组织实体，其组织架构和制度安排至关重要。我国高校在创新理念、职能定位、权力结构制衡的思考下，已经形成了一套科学合理的决策体制。为了满足创新的需求，高校需要实施多元化的机构设置。正确的创新理念要求高校推动机构设置的多元化与民主化；精准的职能定位则要求高校推动机构设置的简约化与扁平化，构建科学合理的横向组织机构；而制衡的权力结构则要求高校推动机构设置的制度化、规范化与程序化；科学的决策体制要求高校推动机构设置的开放化和时代性。我国高校的机构设置主要包括决策治理机构、行政执行机构、学术自治机构和监督反馈机构四大类。这些机构分别是高校政治权力、行政权力、学术权力和市场权力职能行使的载体，是权力运行有效的制度安排，也是高校创新理念的现实选择和职能定位的理性判断。

一、决策治理机构

高校决策联席委员会融合了行政权力、学术权力、市场权力和政治权力，进行高校内部自我控制与管理，自我决策、自我审视自身发展过程中的问题和重大事项。高校决策联席委员会的召开程序和成员构成及决策制订与实施均由高校章程规定，是高校总体决策和方向性、政治性的决策机构。

二、行政执行机构

在高校章程的制度设计和权力制衡框架下，校长作为高校行政执行的发起人，领导校长办公会。该会议包括校长和行政各处处长，主要负责高校内部事务的行政执行。由于召开频率高、参与人数多，该会议在执行效率、关注细节方面具有优势，主旨在于服务高校、服务师生、提供保障。校长办公会的常设机构是校长办公室，负责组织、安排和协调校长办公会的召开、处理高校事宜及对外发布信息。

三、学术自治机构

在高校章程的制度设计和保障下，成立学术委员会、学位委员会和教学委员会这三个学术自治机构。每个机构都设有专门部门，如学术工作部、学生工作部和教学工作部，负责管理高校的图书馆、电教中心、实验室等资源。这些部门涵盖了高校学生的招生、录取、选课、学术活动、学生活动和学习安排等方面。此外，各学院也相应地成立了学术工作部、学生工作部和教学工作部等下属机构，以实现对高校师生学习、活动、学术、科研和对外交流的自主管理。各学院的院长代表着学术型人才和管理才能，作为学术权力的代表，他们通过三会的内部宽松学术氛围和松散组织形式，满足学生对德智体美劳等各种技能的学习需求。

四、监督反馈机构

在高校章程的制度设计和权力制衡框架下，设立校友会、校企联合会、工会、纪律检查委员会和审计监察处等监督反馈机构。这些机构独立于行政权力和学术权力，具有向高校政治权力，即高校决策联席委员会提请重大事项审核和问责的职责。监督反馈机构不仅需要对行政执行机构的机构设置和职责行使进行监督反馈，而且需要关注学术自治机构的机构设置和职能监督，与高校决策治理机构共同发挥协同作用，以促进高校的自主发展。

第五节　保障运行机制

高校是一个系统，由高校外部、高校内部、高校领导人三个组成部分。高校外部是高校实现高校治理的外部环境；高校内部是高校治理的结果；高校领导人是连接高校内部治理与高校外部参与反馈的桥梁，校长产生机制又受到高校外部和高校治理结果的影响。

高校内部运行机制，体现决策、执行、监督的组织结构：高校决策联席委员会、校长、学术委员会。①高校决策联席委员会：利益相关者组成，决定高校的战略与发展；②校长：战略执行人，行政首脑；③学术委员会：战略和运行结果的监督者。这三者通过政治权力、行政权力和市场权力相互影响、制约，相辅相成，合作共存。高校外部运行机制，主要指高校外部资源的获取机制，如高校党委、学术委员会、学位委员会。主要资源包括资金、资源和人才。获取方式既可以是通过市场竞争，也可以通过行政分配。所以，高校外部运行主要涉及的是高校与政府、社会的关系；评价标准是高校能否机会均等获得外部资源，特别是政府公共资源。高校外部运行机制合理与稳定要依靠法律和法规，即通过法治来实现。具体来讲，运行方式的高效有赖于科学决策体制的建立、和谐外部关系的营造与有序内部关系的理顺。

一、优化机制设计

首先，需要明确的是决策体制是决定运行机制是否高效的基础和前提。优化高效运行的顶层设计，需要探索高校决策体制的范围、决策内容、决策实施等活动。决策体制应服务于高校的办学定位和高校精神，决策内容应针对高校办学自主权和办学风格等宏观层面，决策实施应配合管理制度和高校章程的具体规定，决策机制应结合高校内部权力运行机制进行布置安排。在此过程中，学校办学模式和办学水平的确立是决策的核心和前提。

在行政化的高校管理模式下，高校的决策体制由政治权力和行政权力统一构成，在党委领导下，校长负责制成为主导。所有决策内容，包括学校创立、校长任命、高校经费来源、教学科研等方面，都听从所属政府机构的指令。同时，高校内部决策系统掌控着高校的发展方向，这一系统基于科层制的管理模式，实行"校—院—系—室"的四层管理，部门负责人实行行政领导负责制，管理层次清晰，组织结构明确。由政府主导的高校决策体制，其内部运行源于政治权力的意志表达，高校内部的评价标准和依据也是政治权力价值标准和权力价值依据的反映。我国高校教育创新正是以创新行政化高校管理决策体制和建立现代高校制度为出发点，力求探索建立符合学校特点的管理制度和配套政策，逐步取消实际存在的行政级别和行政管理模式。

为了改善党委领导下的校长负责制带来的政治权力和行政权力泛化现象，规范权力运行，推行专家治学，鼓励决策参与，需要对高校内部决策体制进行重构。

首先，完善高校党委领导下的校长负责制，深化高校决策联席委员会和校长负责制两个决策体制。高校党委和校长的民主集中制可以深化为高校决策联席委员会和校长负责制两种决策体制，以避免政治权力和行政权力的混淆和结合。高校党委作为学校政治权力的核心，其权力来源于国家，在高校中处于领导地位。高校党委肩负重任，总揽全局，协调各方，统一领导，主要是把握正确的高校办学思路，确定高校办学目标，明确高校办学任务，体现出我国高校职能，实现高校内涵式发展。高校决策联席委员会是以高校党委为主导，由高校内部各团体和部门的党员构成，职责很明确：遵守高校章程，把握高校方向，抓好大事，做好协调沟通。该委员会不设实体机构，仅设高校党委作为实体组织，负责委员会的召开、组织、成员资格审核、会议发表等具体工作，为高校决策联席委员会服务；不参与、不干涉、不过问高校内部管理，只负责行政权力越权纠正（高校章程）、学术权力与行政权力调和、政治权力问责权行使。校长作为高校的法定代表人，在高校章程的明确界定下，积极行使行政职权，全面负责高校内部管理和组织建设。

其次，提升学术权力，体现高校精神。我国高校决策体制的健全与否最重要的课题是培育学术权力的权力地位，成为行政权力的平等制衡权力。学术权力的主体是学者，按照高校章程，保护学者个体学术权力的学术自由，使学者成为自身学术工作的主导者和发起者，不依赖于行政指导，靠市场权力奠定自身学术权威。根据高校章程，建立自我评价和选拔机制，实施扁平化、非集权、松散的自主管理模式，通过学术机构即学术委员会、学位委员会和教学委员会来主导和行使高校学术权威，实现学术自由。

最后，增强高校教师的权利。他们应拥有独立的学术决策权和参与权。同时，学生的地位应在高校内部管理中得到提高。作为高校决策的利益相关者，学生不仅应该参与决策，而且他们有能力参与。适度地减少行政人员的权力也是必要的。高校应吸收校外各界的专业人士参与高校的决策，实现高校管

105

理的民主化和治理的多元化。需要将决策过程民主化，推行校务公开，包括公开决策过程和决策结果。对于涉及师生员工切身利益、需要师生了解及高校管理规章制度等事项，都应通过高校的网站、论坛、校报、公告栏等媒介，及时、准确地公开。建立决策反馈沟通协调机制，包括在决策前征询意见、决策过程中的沟通、决策意见的收集，以及决策结果的反馈和改进等环节。高校需要保持信息流的畅通，及时回应和解答。

二、营造机制外部环境

机制高效运行环境的构建主要着眼于两个关系的处理，一是与政府的关系；二是与社会的关系。和谐外部关系的营造要弱化政府与高校的关系。从高校的本质属性来看，政府与高校的监管与被监管的角色定位需要重新审视。高校是国家教育发展的重要组织，基于高校教育事业的公益属性，政府作为国家的管理机构必须对高校进行监管活动。政府监管权与高校自主权是我国高校教育管理中的一对矛盾体，过多监管势必干扰高校自主权，过分放权也将难以保证高校发展的正确走向。为了实现政府监管权与高校自主权之间的适度平衡和职责定位，需要弱化政府在高校发展过程中的直接监管权力，转换成契约形式的制衡监管较为合理。

现代政府理念主张有限政府、法治政府和服务型政府，目前我国正处于事业单位创新的攻坚阶段，我国高校按照有关文件中的事业单位类别划分，承担高校教育等公益服务，划入公益二类。这就意味着高校的公益属性和市场属性需要被同等重视，要发挥市场配置资源在高校教育发展中的作用。在当前的市场环境里，高校无法独立于市场独立运作，高校内部的商业元素已逐渐浮出水面，比如，教师招聘的费用已经大大超出了政府对高校教师职务薪酬的规定。确保高校的进步始终与社会主义的指导原则相一致，以便达成国家的人才培育目标，这就需要政府进行有效的高校监督。必要监管即由政府直接管理转为间接管理，由微观管理转为宏观调控管理，由严格从属地位管理转为平等契约制衡管理。政府通过明确的权利义务内容来监督约束高校，就可以达到政府与高校的适度平衡。

在高校内部，行政人员成为学校运行的核心，而教学科研人员对学校的支配权逐渐丧失，导致高校主体性出现混乱。为了确保高校学术权力的主导地位，实现高校行政权、学术权和民主管理权的平衡与监督，有必要调整教育行政管理职能，尊重高校的独立主体地位，仅在教育目标、教育质量、人才培养、教育经费等方面做出详细规定，允许高校自行制订教育计划、自主进行科学研究、自主设定内部机构及人员、自主管理和使用财产。政府对高校的管理主要职责是制订高校教育发展规划、进行宏观调控、提供指导意见等，不干涉高校内部事务，形成合作关系。有的学者认为，在市场经济环境下，国家对高校教育的干预和调控是市场调节机制的必要补充手段，旨在优化高校教育的管理体制和运行机制，其性质属于宏观性的二次调节。

和谐外部的营造还需要密切高校与社会的关系。高校作为知识组织，其职能在于通过教学传承知识，通过科研创新知识，通过社会服务应用知识。传承知识、创新知识、应用知识都是服务于学生和社会。塑造学生人性、完善学生人格、培养学生技能，从而为社会发展提供智力支持保障是高校的崇高使命。高校的外部运行机制包括政府、家长、社区、教育机构和就业市场等多因素对高校发展和决策的资源交换和流通，在独立政府作为高校产权代理者的身份属性前提下，弱化政府与高校的关系，高校通过何种方式和办法加强其他社会资源的获得和输出成为高校发展的集中指向。

需要明确的是，高校与社会的紧密联系是建立在高校独立自主办学的基础上的。高校是社会服务的教学科研中心，而非社会中企业的一部分。其办学自主权和财政自主权是基于政府投入和问责调控的，而不是由市场规律主导。高校必须坚守的阵地是对国家和社会的文化和精神等无形资产，以及基础知识研发和社会公共利益至上的教学理念。与此同时，社会对高校的认同和资源投入是有条件的，要求更多的社会参与和决策反馈。

这种"既独立又互动"的关系可以表述为：独立是指高校在思想、理智活动方面保持自主，并对外部运行机制保持一定程度的独立性；互动是指高校与社会保持紧密联系，实现互融互洽。良性互动主要表现为，一方面，社会是高校的外部环境和基础，高校依赖社会存在，并从社会文化和资源中汲取养分以完善自身；高校的人才培养和科技输出面向社会，以满足社会需求和推动人类发展为价值追求；另一方面，高校作为社会的重要支柱，引领社会体系的健全和完善，并在一定程度上接受社会体系的影响和介入。

我国高校教育管理创新的运行方式需要接纳高校与社会的的良性互动关系。高校毕业生要在生源市场、教师市场和院校市场中保持竞争力，高校必然要提高学术质量，采用最有效的学术管理办法，否则就会面临生存的危机。考虑到学术知识的复杂性和动态变化性，在竞争性的学术市场中，专业的自我管制仍可能是保证学术标准的有效方式。同时，社会融合到高校教育的知情选择权、参与权，能够从多层面、多角度参加高校决策和高校管理的具体工作，完成平等地位的参与权，使个人和社会利益与高校团体利益形成利益共同体，促进高校与社会和谐发展，形成开放、负责、宽容、平衡的互动状态。

三、建构机制内部设计

高校教育管理创新运行方式的关系理顺中，内部关系是创新成功的重要保证。高校的运营核心是以学术为焦点，旨在推动学术的进步。学术运营的根本是学术观念的自由和研究的自由，利用学术权威的引领地位，实施学术自由和民主管理的准则，在高校内部建立一个民主且轻松的学术环境，为科研创新提供优质的学术条件。理顺高校内部关系，主要是协调行政权力和学术权力的关系，落实高校办学自主权，遵照高校章程，依赖高校内部合理的机构设置，实现高校治理。

高校章程的完善和健全是高校内部权力运行的法制基础，也是制度化规范文件，对高校管理运行具有纲领性指导作用。章程应落实高校内部政治权力问责、行政权力行使管理权、学术权力行使专业权等相关制度性规定，为高校管理创新提供法律依据。优化高校内部决策权力结构，保证学术权力在学术管理中发挥主导作用。推动高校内部组织机构设置扁平化，提升行政管理人员的服务意识和业务技能水平。完善高校人事制度、后勤管理制度、财务管理制度、信息管理制度等行政管理具体制度。

第七章 教育教学创新实践与发展

第一节 教育教学方法创新

高校教育教学方法创新路径是创新活动的重要实践要素。对于高校教育教学方法的创新策略,需要关注三个关键点。首先,在创新方法的过程中,学习和借鉴其他高校的教育教学方法是一种有效的途径。这并非评判方法的优劣,而是为了丰富教学方法的种类。感受性是教学方法丰富性的重要体现,如果教学方法的丰富性不足,师生对教学方法的感受就会显得贫乏;其次,教育手段在人类社会环境与科技基础之间的多样性,应根据所采纳的策略,研究它的产生的初衷,然后运用它;最后,应当注意避免执行过程中的科技障碍,探索其他可能的路径或者使用相应的科技手段处理问题,这也构成了创新思考的一个组成部分。

结合创新理论原则和我国高校教育的教学方法的历史与现状,可以总结出一些成功且有效的教学方法和创新方法。然而,需要特别强调的是,在教学方法创新实践活动中,掌握一些创新原理和方法只是实现创新的前提。只有通过不断深入学习和深刻理解创新方法,积极进行创新实践,才有可能有效地掌握创新方法,实现创新成果。

一、组合法

在自然界和人类社会的各个领域中,创新组合都是一种常见的现象。在教学策略上,可以将两种或两种以上的教学策略或理论的部分或全部进行适当的叠加和组合,从而创造出新的教学策略。这种组合方式是创新原则的一种,同时也符合教学策略创新实践的需求。组合创新的潜力和范围是无限的,无论是教学策略的创新还是其他领域的创新,都应该充分利用组合创新的原则,通过适当的方法和理论的组合，创造出更多更好的新策略和新理论，推动教学和其他领域的创新和发展。

二、分离法

分离原理是一种创新方法，它主张对创新对象进行科学的分解和拆分，使主要问题从复杂的现象中凸显出来，以便清晰地理解创新者的思路，更有效地抓住关键的矛盾。在创新过程中，分离原理鼓励将事物打碎并分解，它激励人们在发明和创造的过程中，超越事物原有形态的限制，将研究对象进行分离，从而创造出全新的概念和产品。教学方法创新的分离法，就是将过去或现有的常见教学方法进行拆解，按照一定的逻辑关系进行整理，然后突出某一部分，甚至将其扩展和放大，形成一种等同或超越原有方法作用的新方法。

三、还原法

突破常规的束缚，将所谓的"合理"看作"不合理"，将事物的初始状态视为"真实"，这是创新过程中所需的能力。在创新过程中，需要擅长通过现象洞察事物的本质，回归对象的起源，把握问题的核心。教学策略创新与其他领域的创新一样，都有其创新起点。从起点开始，探索解决问题的各种途径。通过运用新的思维、科技和手段，重新构建策略，从本质上解决问题。这正是还原创新策略的核心所在。总的来说，在进行教学策略创新时，需要挖掘事物的本质，从而找到创新原点。从创新原点出发，运用新的思考方式、科技和手段去解决问题，才能实现教学策略的创新，推动教育教学的进步。

四、移植法

根据创新理论，移植法是一种将一个研究对象的概念、原理和方法应用于另一个研究对象，从而取得创新成果的创新原理。移植法的核心是借鉴已有的创新成果，进行创新目标的再创造。移植法的运用可以使教学方法创新活动更加丰富多样。在教学方法创新中，移植法可以采取同一学科领域的"纵向移植"，还可以实施不同学科领域、不同地域的"横向移植"，以及多学科领域、多地域教学方法的理念、思维和方法等综合引入的"综合移植"。移植法的运用可以带来新的成果，教学方法的创新也符合"感受共存"中的新奇性标准：未尝试过的就是新奇的。

五、逆反法

逆向思维作为一种关键的创新方法，鼓励人们勇于挑战常规思维，善于从相反的方向思考问题，从而寻求新的发明与创造。事物往往具有正反两个方面，相互依存于一个统一体中。人们在认识事物的过程中，常常局限于从正面思考问题，导致思维受限。在教学方法中，深入浅出是一种广受好评的方式。然而，从逆反法的角度来看，高校教育中的许多课程内容或许更适合采用浅入深出方法，以达到吸引学生兴趣的目的。

六、强化法

强化是一种常见的创新策略，它基于科学分析和判断，通过精心的策划，将原本普通的方法进行提炼、浓缩或聚焦、放大，以实现强烈的创新效果，给人留下深刻的印象。我国很多教学名师都运用了强化策略，他们把平凡的教学方法进行"概念化"处理，或者按照分离法原则，将一个普通方法的局部元素进行剥离和充实，将它们发挥到极致，并将这种方法应用于教学实践中，使其成为具有首创性的教学方法。这样创造出的教学方法不仅具有"新"的特点，而且具有"强"的优势。

七、合作法

高校教育教学活动本质上是一种深度的协作过程，然而这种理解并未得到广泛的认同。为了推动高校教育教学方法的革新，需要从教学活动的核心出发，探索新的方向。对话教学法是一种以教师与学生的平等地位为根基，并且强调学生的独立探索的标志性合作创新策略。因此，有学者提出了四种不同的对话教学模式，包括"教师为核心""学生为焦点""教师与学生的关系公正"和"重点突出问题"。实际上，对话教学法只是教学方法创新的一个实例，任何教学方法的创新都需要充分发挥集体智慧的力量。科技的进步使得创新越来越需要跳出个人智慧的桎梏，而是要依靠集体的智慧以及科技领域的交叉融合。因此，教学方法的创新不仅需要教师回归教学活动的本质，而且需要教师拓展思维，充分发挥集体智慧的力量，推动教育教学的创新发展。

第二节　教育教学方法创新评价

推动和加深高校教育教学模式创新实践的一个关键问题是如何进行教学方法评估。教学方法评估的不足或不适当，是教学方法创新实践成功的必要条件。因此，构建一个符合高校教育教学内容、教育目标、教学发展特性的教学方法评估机制，有助于推动教学方法创新实践活动。

常态化的教学方法评估就是对教师在所有教学活动中采用的教学方式的情况及其产生的影响进行分析和评估，并给出相应的建议。虽然这是一个常见的教育评估项目，但是它却往往被忽略或者淡化。主要原因在于评估标准的不足或者评估过程的瞬息万变，只能依赖"事后的印象"。因此，在常规的教育评估中，不管是教师还是学生，甚至是专业的教育指导和评估组织者，都各持己见，不知所措。

教学方法的评价目标应着眼于推动多样性与有效性，让学生在学习过程中感受到满足，从而激发学习兴趣，提升教学活动的整体水平和质量。优秀的授课策略通常源于整体性与灵活性的体现，衡量其的依据应该包括基础的授课策略元素的匹配度，能够满足各种教育课题和目标，还需考虑到教师与学生的共鸣。评估教育手段的流程需要持续变化，无法单纯依赖一两次的评估就可以总结出教师在特定课程里的教育方式。对于高校教育教学方式进行创新评估，是一种关键的指引和规定教学方式创新行为的工具，其评估结果能够揭示出教师在教学过程中使用的教学策略的科学性、合理性和实效性。

一、批判性原则

对一位教师授课手段的创新程度进行评估，并非仅仅依赖其稳定性或准确度，更重要的是要看其内部是否融入了批判思维。此策略不仅能够对传统的教育知识、当前的成效等提出反省与质询，而且能够在塑造学生的问题认知与研究态度上起到一定的指导性影响。只要教学方法具备批判属性，无论具体形式如何，都可以被视为教学方法创新的一部分。在评估原则的指导下，有许多具体的教学方法可以满足批判性元素的要求，从而纳入教学方法创新的范畴。这些方法可能涉及对教学内容、教学方式、教学环境等多个方面的创新和改革，只要它们能够激发学生的批判性思维，提高学生的问题意识和探究精神，就有可能成为有效的创新教学方法。

二、挫折性原则

在人类社会漫长的演变过程中，无论是抽象理念还是具体方法，只要具备"新"的特性，往往都会面临被接受和认同的挑战。对于"新"事物，人们既抱有期待，又保持着警惕。当一种新的教学方法被创立或引入教学环境时，必定会面临一定的风险，遭受各种阻碍甚至反对。鲜有新的教学方法能在一开始就受到普遍欢迎和顺利推行。

教师在决定是否采用新方法时，需要评估风险并决定是否推行，这是内部阻力。而新方法在实际应用过程中可能遭遇的困难和挑战，则是外部阻力。无论是内部阻力还是外部阻力，都是每种新方法必须面对的挑战。同时，新方法在实施过程中也包含着"挫折"的成分。例如，项目教学法让学生在实践新方法的过程中体验到探究与推演的复杂性和困难，从而在挫折中寻求成功，进一步理解新方法的意义和乐趣。这种方法也是培养学生学术品格的有效途径之一。

三、丰富性原则

判断一种教学策略或教师的教学策略是否具有创新性，应关注其策略运用的多样性。教育活动是一种复杂的非线性过程，每种教育方法都有其独特的环境背景，而在人类社会中，这样的环境几乎不可能出现。因此，只有在相似的环境中，某种方法才能起到效果，大部分情况下，这些方法是相互融合和混合的。教育方式的创新必须体现其多元化的属性，如果只采用一种方式，那么在实际环境中，尽管它可能带来了创新，但其影响力仍然是极其有限的，不能完全处理日常教育中的各种难题。

对杰出教育者的授课策略进行概括，不仅拥有自身的"品牌属性"，而且融入了多样化的教育方式在教育过程中，一些不在教育计划规划内的"非规划"手段，可以让教师依照实际情况进行适当的应用。"非设计"的手段被视为教育技巧的多样化体现，其精确度展示了教师使用教育方式的层次。优秀的教师能够自如地运用教案设计的方式进行适宜的授课，然而，新入职的教师可能会在教案里规划一些授课策略，然后在一些策略并未被实施时就停止了授课，或者使用一些超越教学规划的"取悦策略"去激发学生的兴趣。

四、关联性原则

高校教育方法正在因科技的快速演变，产生了深刻的影响。通过各种手段达到教学目的，是当代高校教育改革的核心要素。由于现代科技推动的教育形态的改良，其在技术层面的优势超越了常规的教学手段和填鸭式的教导。"黑板与粉笔"的传统教育方法，在幻灯片、多媒体和网络课堂的推动下，已经大幅度提升了教育成效，并为互动式教育提供了时间和技术。此外，教师和学生的教育创新思想也能够实时获取并保存。然而，这仅仅代表着教学手段的一个环节，即手段与设备的关联。从一定程度上讲，层层递进的交互性对教学模型的科学元素提出了挑战。教育的创新手段需要再次将"教"与"学"置于主导的角色。在评估教育方法和创新性的过程中，需要考虑的因素应该是多元化的，任何一个单一的观点都不能被接受。特别是从教育管理的角度来看待教育方法和创新性的评估，这与教育方法的基本需求是相冲突的。在高等教育中，学术文化构成了教学手段的重要部分，但这些手段的评价不是通过高校的行政管理手段完成的，反倒是归入了学术管理的领域。在这个学术性的评价过程中，所有的参与者都必须拥有多元的特质，只有这样，才有机会深入了解教育的技艺及其创新思维的关键。若未采取此行动，便会陷入对教学方法的固有认知，从而大大降低了其适应环境的能力与创新的激情。

教育方法的创新性评价，主要取决于教育过程中的两个主要参与者——教师和学生。另外，学生的情况也在持续变化。换句话说，一个教师的专门课程通常只会针对某个特定年级的学生进行一次，而当教师重新开始讲解时，他们的情况将会彻底改变。因此，引发教师教学方法变化慢的关键因素就是学生对某个专业的认知及其教学方法"感悟"的独特性。虽然有些适当的建议，但是最终决定这些建议是否被采纳的还是未来的学生。所以，当我们要对教师的授课手段做出创新的评价，需要明确的是，该评价的核心是几个不同年级的学生。

对于众多的公共课程和专业平台课程，需要把所有学生纳入评估体系，但对于大量的专业课程，这并不适用。在教学方法创新评估中，另一个关键的参与者是教学团队。许多高等院校均配备了"教育指导"部门的专业人士，这也是衡量教育方式革新的重要因素之一。尽管如此，鉴于各个学科之间的显著差异，他们只能依据普遍的教育模式，也就是教育常规方法进行评估，无法替代教育团队的职责。在对教学方法的创新性评估过程中，教育监管机构的角色应被看作是次要的，它只需负责编写代码、维持发展、反馈结果、进行数据分析等相关任务。

第三节 教育教学创新思路

一、更新教学理念

改革教育观念，建立实践性的教学理念。实践，即将高校教育课程中的自然科学、人文、道德等各类理论知识进行深入实践，通过具体的操作流程去吸收、巩固、整合、提升。在实践过程中，将科学教育和人文教育融为一体，让实践教育成为人才培养的全过程，培育学生的实践技巧和创新意识，提高他们的人文修养和科学修养，以满足社会的真实需求。在构建校园文化的过程中，高校教育机构需要创造一种新的刺激方式，鼓励学生主动参与创新和创业的活动，同时也需要提供强有力的支持，全方位地推动实践教育的发展。

为了促进学生的全面发展，高校需重视学生的主体地位，尊重和挖掘学生的潜能，培养他们的思想道德和身心健康。高校需要在教学模式上进行创新，实施弹性教学计划，建立学分制和主辅修制，使学生能够在知识、能力、思想道德和身心健康等方面得到均衡发展。在教学方法上，高校应大力推广以学生为主体、教师为主导的互动式教学方法，并鼓励使用问题式、案例式、讨论式和情境式教学法，开展启发式、互动式和探究式的课堂教学实践。高校教学的最终目标应立足于"一切为了学生，为了学生的一切，为了一切学生"，引导学生由被动接受型学习向研究性学习转变，从而更好地帮助学生成长成才。

为了提高教学效果，应当在教学实施过程中采用多种教学组织形式，对传统教学模式进行创新，发掘和发挥学生的个性特点，激发他们的探索研究兴趣，并引导他们学会自主学习。高校的授课方法需要由教师、教室、教科书等元素构成，引导学生参与到互动交流、主题研究中，激发他们的独立研究与协同学习的热情，塑造他们的求知欲望与批判性思考。在教学过程中，应关注教学的创新性和学生个体差异的指导，使学生在日常与教师的互动中受到影响和启发。实际操作的教育方式对于增强学生的技巧具有关键性，所以，高校需要给予学生一个实际操作的环境，激发他们主动投入到科学探索、实际操作课程的革新中。

制定公平的高校教育资源配置政策，保证重点高校和普通高校之间的教育资源均衡分配，同时关注一般高校的办学条件改善。为了解决各地区高校教育不均等的问题，需要设立适当的地方高校教育政策，以确保各类教育资源在各地的分布均衡，从而提升地方高校教育的发展活力。对高校的教育资源进行科学且有效的分配，增强对于教材和课程结构的革新，以确保其教育观念、专业、课程安排、教学方法都能满足社会的要求，从而培养出满足社会需要的优秀人才。

为了保障高等教育的教学品质，必须依据相关的政策法规，建立一个高等教育教学品质的保障系统，规范学科专业的建设，防止资源的浪费和重复建设。创建一个独立且有影响力的教育教学品质评价体系，加强对高校教育教学品质的管理，优化评价方案，同时最大限度地运用社会监督的能力，以保证高校教育教学品质的有效监控。一般来说，对高校教育的公正化，不仅是驱使高校教育公正的主要驱动力，而且是推动高校教育创新成长的重要元素。要秉持科学的发展理念，进一步推动高校教育创新，改善高校教育布局，持续提升教育品质，以达到人的全方位成长，并最终推动高校教育的公正性。

二、办学特色

（一）办学特色的内涵

特色就是一所学校在长久的教学实践中积累成就的、独有的，且超越其他学校的独特创新气质。这些特色对于优化人才的培育过程，提升教学效能影响深远，成效显而易见。这样的特色具有一定的持久性，并且在社会上具有影响力，被公众接受。特色可以反映在不同的方面，如学术策略、办学理念、办学策略；科学的、前瞻性的教学管理机制、运作体制；教育模式、人才特质；课程结构、教学方式以及解决教育改革中的关键问题等。高等教育特色就是一所高校在长期的办学实践中产生的、本校独有的、社会公认的，而且在某些学科领域比其他学校更优秀的独特创新气质和具有持久发展的战略，包含稳定性、认同度、创新性、特异性、象征性。高校办学特色包括学科特性、科研特性、人才培育特性、校园文化特性四个层面。

高校教育质量的关键在于其办学特色，这也是学校追求最佳品牌的路径。高校应以发展独特性、创造优势为目标，推动整体办学能力的提升，使得学校的办学特色更为突出，从而提升高校教育质量。

（二）办学特色的形成

第一，教育教学创新。高校必然拥有独特的教育观念和教学方式。这些教育观念和教学方式在特定的时间和环境中指导高校在教育过程中形成独特的教育目标和理念。这种独特性表现在对时代和社会对教育和人才培养需求的回应以及对教育创新、社会进步一般规律的遵循。教育的创新推动教育思想的变革，而先进的教育思想又推动先进教育理念的实现。这包括重新设定教育目标和教育模式以及为实现这些目标所采用的方法和途径。同时，对教育实践效果进行全面的评价和反思，以推动高校持续发展。

第二，构建学科特色，促进办学特色。学科特色建设对于塑造高校办学特色具有关键作用，因为它承担着高校人才培养、科学研究和服务社会三大职能的具体实施。学科特色是高校办学特色的核心组成部分，对学校的服务能力和水平产生重要影响，并决定着办学层次的提高。特色学科的发展是学科特色化的基础，特色学科之间的组合形成学科结构体系的特色，进一步丰富学科特色。真正的特色学科具有独特性和不可替代性，难以被模仿或复制，为高校打造独特办学特色提供了基础。高校应在学科建设上专注于发展"精"和"尖"的学科。根据自身实际情况，高校应构建优势学科，并通过这些优势学科形成学校的办学特色，提升学校品牌效应。高校应全力支持最优秀的学科，有重点地推进这些学科的发展，努力将优势学科发展成为全球最好的，从而带动其他学科的提升。

第三，发扬高校精神，形成办学特色。高校精神是一所高校在长期教育过程中，由全体成员共同塑造、传承并逐渐发展起来的理念。这种理念被广大成员所认可，形成了一种独特的气质。它揭示了高校的历史文化传承与现状，精确地表达了高校的精神信仰和品质，是高校文明成果的精神代表。高校精神是高校最核心、最抽象的价值追求和行为规范，对高校的行为方式和未来发展具有指导意义。它如同个人的品格，是高校的基石和灵魂，决定了高校的发展方向。高校精神是保持高校持久活力的源泉，汇聚了高校的优秀传统和文化精髓。它体现了高校的群体心理定式和精神状态，展现了高校的整体风貌、风格、水平、凝聚力、感召力和生命力。高校精神凝练成了独特的办学特色。因此，高等教育的办学理念和实践活动应有助于高校精神的形成和发展，使其成为一种持久的教育特色。

三、推进师资队伍建设

教师在人才培养和知识传递方面起着重要作用。为了满足这一目标，高校应根据自身特点，努力打造一支知识渊博、科研教学能力强、创新意识高、人格魅力大的高素质教师团队。关注并培育主要学科和特色学科的领军人物，增强人才引进的力度，并加快高级创新人才的培养步伐。此外，通过加大对特定技能的培养，塑造出明确的专业优点，进一步促进专业的进步并增进现有教员的能力，最终提高高校教育与教学水平。

建设一支优秀的师资队伍对于实现高校培养人才目标至关重要。虽然我国的高校教师团队在规模和学科结构等方面已经有了显著的进步，但是在总体构造和全面素质上仍然存在一些不平衡和短板,这对高校教育教学创新的持续发展产生了一定的影响。所以,必须持续改进教师团队的组成,增强他们的全面能力,从而达到更高层次的教育和教学目标。

(一)优化高校师资队伍结构

高校教师团队主要由教师的学位、职务和年龄等元素构成,这些元素能够直观地展示出教师团队的总体素质和学术层次。虽然我国已经实施了诸多的高级专业人才培养项目,但是高校教师团队的整体构成依旧存在某种程度的不合理。现在,许多高校已经增加了教师招聘标准,使得拥有研究生或更高学历的人成为进入高校的基本条件。高校必须增强对核心教师及杰出学术领军者的吸纳,并且提升顶级领军者团队的构建;对具有高级职称的学科、学术领军人物和稀缺专业人才实施一定的政策倾斜,以便根据学科发展的目标有针对性地吸引高级人才,保证高校教师团队的职称比例是合理的;采取有力的策略吸纳具备高等教育背景的专业人士,以增强教师团队的教育水平。

(二)提高高校教师综合素质

构建优秀的高校教师团队是促进教育和教学创新进步的根本,并且在提升教育品质上具有决定性的影响。随着高校教育的飞速进步,对于教师的教育理念、知识体系、教授技巧等全面能力的期待也在不断增长。为了建立一支专业知识深厚、综合素质优秀的教师团队,我国高等教育教师队伍建设仍需付出巨大的努力。

在构建高校教师团队的过程中,始终坚持"人本"的理念,并坚定地确立了爱国主义教育教学的观念。教师不断更新教育观念,用现代教育思想来充实和提升自己,从而推动高校师资队伍的建设和发展。重视教师的教学素质培养,以提升高校教师团队的整体素质。教学不仅是人才培养的直接手段,而且是高校的主要职责。

四、创新课程体系及教学内容

(一)课程体系创新

首先,对学科专业的课程结构进行改良和调整,根据学生的具体需求进行个性化教育,并实施分级教育和分类培养。采取诸如主修、双学位、专门的教育方案，还有中外联手的教育方法，旨在满足各种基础水平的学生的学术与成长的需要。课程设置的范围已经超越传统的单一课程形式，如学科分类、全国（或地区）课程及必修课程，而是对课程设置进行了重新设计，以提升课程架构的质量。应该让综合课程、必修课程和选修课程各自占据一定的比例，以"本科标准+实践技能"为主导，重视学生的个体差异。高校需要将四个方面融为一体，即理论和实践的融入、人文教育和专业课程的融入、课堂和课后的融入以及校园和社区的融入，以此来打造一个既合理又符合学生成长需求的课程架构。高校的最后目的在于让学生拥有文化修养和创新思维，同时也在增强他们在基础、普遍、专门和全面四个领域的技术水平。

高校基础教育中，致力于打造全面的基础教育体系，为所有学科专业的学生提供国防教育、人文教育、自然科学基础、道德教育实践等基础知识的培训。另外，致力于打造一个全面的实践系统，建立一个公共实践平台，包括专业实验、实习、设计、毕业论文（德育实践、科技文化实践、创新实践）等多个领域。探索"创新课程"，将理论框架由原先的专业范畴拓宽至更加广泛的社会、经济、文化、政策、环境保护等多个领域。值得注意的是，创新并非只限于首次尝试，还涵盖对其他人的作品的再次理解、再次融合、再次设计使用。

教育创新的目标不只是教导学生如何去探索、实践和应对，它还应该将学生的学习成果作为核心。反之，利用多元化的实践手段给予学生一定的自主学习空间，使他们能够在自身的真实社会环境中挑选出研究主题。通过研究包含开放、社交、全面及实际的议题，学生有机会塑造出属于他们的个人化教育模式，同时也在此基础上提升他们的创新意识、研究技巧、开阔的思考视野、社区服务的技巧及对社区的责任心。在教育的研发和执行阶段，不仅需要单一的综合实践课，而且其他课程也需要添加一些关键的影响元素，同时利用教育内容的烦琐和不确定性，提高教育的挑战性，提升学生的研究技巧。

（二）教学内容创新

提倡对基础知识的深入了解，就是指学生必须熟练掌握所有领域的核心理念、基本概念、关键技巧，也要具备将其付诸实践的能力。同时，致力于增强学员对于基本观点、核心知识、关键技能和关键战术的理解与运用，积极推动高品质的核心课程和具备深远影响的实践性课程的创设。针对"公共必修"课程，引入"学科必修"课程，并依据不同的课程类别构建相应的教学平台。

重视文理的结合,开设跨领域的课程,旨在增进各个专业的互动,为学生的多样性成长奠定学科基础。

(三)注重实践教学

实践教学的目标是提供丰富的实践机会,帮助学生通过实际操作提升自身能力。为了实现这一目标,学校需要采用多种有效方法,如建立稳定的课内外实习和实践基地,组织学生参与社会实践、调研和实习等活动。通过实际操作的方式,帮助学生塑造出专注的工作态度、积极进取的心态、坚韧的决心。采取有策略、有目标的方式,激励高校学生主动提高职业道德修养,能够协助他们更好地满足社会需求。同时,实践教学也有助于培养学生的实践创新能力,激励他们积极参与创新创业活动。

创新能力是高校学生在职场上的关键竞争优势。此类特性涵盖了创新观念、创新思维、创新技巧三个方面。在建设创新型国家的过程中,培养高校学生具备这种全新的创新素质至关重要。通过实践教学,可以发掘和培养学生的创新素质,为他们的未来发展奠定坚实基础。

五、教学模式和方法创新

(一)教学模式创新

培养人才是一个复杂的系统性过程,需要持续研究其内在规律,改革现有的教学方式,并且深入细致地探讨教学的各个环节,如教学理念、教学内容、教学方法、教学模式等,以便掌握教学规律。为达成此目标,要倡导"教育民主"的教育理念,对传统的教育方法进行改革,运用如研究型教育、开放型教育、交互型教育等能够展示"教育民主"的经典教育方法。

强调探索式教学对于培养学生创新精神的重要性。教学模式从单纯的知识传授向重视能力培养的转变,必将引发教学方式和方法的革新。对于深度推进教育变革,探索式的教学方法已经变得至关重要,这也正是研究型高等教育中的一个突出特征。探索式教学是一种把教师的研究观点、技巧、最新进展整合到教育流程中的教育形态。采用这种教育模式,将教育建立在科研的基石之上,让科研和教学互相推动,同时也对学生开放。此举会在教育活动中让学生接触到最新的科研进展,并鼓励他们积极地进行思维、主动地寻求知识、独立地进行实际操作，以此培养他们的创新意识。探索式学习的过程就像一个充满了情绪的旅途，它鼓励学生主动参与研究性的学习行为，从而积累实际操作的经验，并且逐渐形成了在平时生活里敢于尝试、勤奋学习的良好习性。这将激发学生对探索和创新的积极愿望。探索式学习就是一个寻求知识的过程，它在一个较为开放的环境里寻找问题，并研究如何解决这些问题。

探索式学习有助于提高学生的思考能力、问题发现和解决能力，掌握科学的学习方法。同时，这种学习方式可以增强学生的信息收集、分析和总结能力，教会他们如何利用各种有效手段和途径获取信息。在探索式学习的过程中，学生需要与团队和其他学生进行交流和协作，这为他们创造了一个优秀的人际互动平台，使他们能够分享研究资料、学习信息、创新成果和研究成果，从而培育团队合作精神。通过这种学习方式，学生可以学会与他人合作，发现并克服困难，共同解决问题。

探索式学习是一种实践性过程，强调学生应以实事求是的态度进行探索，尊重他人的研究成果，严谨治学，积极进取。这种学习方式有助于提升学生的全面素质，增进他们对科学及其在自然和社会中的重要意义和价值的理解。同时，探索式学习方法为学生创造了一个全面应用各个学科知识的场所，有利于学生加深对已学内容的理解，并让他们的学习更接近实际生活。

互动式教学旨在最大限度地发挥教师和学生的积极参与，以达到他们之间的沟通和相互影响，并推动他们的共同成长。这一教学模式不仅可以活跃课堂氛围，而且可以实时掌握学生的学习状况和理解知识的规律。交互式教学包含了教育、思想、精神及视觉和感受的交流等多个方面，展示出其现代化、交流性和激励性的属性。互动式教学需要教师根据教学计划有组织、有目标地指导学生学习，并依据学生的发展需求进行个性化教育。

执行互动式教学能够激励教师积极研究、学习，不断提升专业能力和教学水平，同时也能唤起学生的学习积极性，推动学生个性发展，提高教学效果和效率，最终实现教学品质的提升。互动式教学以学生为中心、教师为引领者，提倡教师与学生的平等沟通和互动，使学生在无压力的环境中自由地学习，并让学生参与到教学计划和教学决策中。此类教学方法对提升学生的独立学习、积极学习、创造性学习的技巧等方面大有裨益。

（二）教学方法创新

在进行高校教育教学创新时，需要关注教育思想理念的更新，确保其符合经济社会的发展需求，同时借鉴国内外教育专家的理论和经验，始终坚持理论联系实际。为达成此目标，教育工作者必须具备全面的教育理念，主动推动实践教育，同时恰当地协调知识传授和技能训练的关联。启发式教学的实施，基于教学目的、教学主题、学生的学习步伐、学科常规、学生的学术能力，采取多种教学策略来激发并引领学生的学习。这种教学方法以教师为主导、学生为主体，能够激发学生的学习积极性，唤起他们的求知欲和探索欲。借助启发式教育方法，学生能够激发思维、主动反思、勇于提问、积极参与实践，并在教师的指导下，带着疑惑去探索学习和研究，寻找解决问题的方法，实现对知识的掌握。

启发式教学并非只是一种教学手段，它也代表着一种教育观念。为了唤醒学生的好奇心，增强他们的学术热情与探寻精神，并且塑造他们的创新思维，教师需要依照高校学生的认知心理模型，全面地关注他们的思维属性，运用启蒙、研讨的教育手段来锻炼他们的思维。以感觉与直觉作为起点，持续提炼问题，构建情境，紧密捕捉学生的思考灵光，逐步推进，激励并优化他们的思考模式与学习手段，使得他们在持续的探索与研究的旅途中获取知识，提升能力，锻炼思考，将被迫的学习模式转化为积极的学习模式，尽可能地挖掘他们的学习能量。

实践教学法是一种将理论知识融入到实际操作中，并在讲解的同时进行实践的教学模式，其主要目的是帮助教师和学生一起达到教学的最终目标。在授课时，需要重视增强学生的学术技巧，训练他们掌握和利用知识的才能，同时也要把教师的讲述、引领步骤与学生的独立学习步骤融为一体。另外也应该把科研活动融入教学过程中，提升学生的研究技能和创新思维，激励学生积极参与社会实践，进行社会调查和研究，从而在实践中获取知识，并鼓励学生进行创新性的探索。在教学过程中，教师应当重视知识的融合和构建，以便让学生能够主要掌握学科的基础知识、基本架构和基本技巧。此外，需要借助现代化的科技工具不断优化教育方法，增强教育的效益，优化测验模式和教育评估体系，刺激教育工作者的热情与创造力，并鼓励学生主动且有意愿地去学习。

在高等教育的创新过程中，必须根据学生的具体状况，运用恰当的教学策略，增强他们的全面能力，并进一步点燃他们的学习热情；培育出既掌握了基本的理论知识又拥有高超的实践技巧的实用型专业人才，推动社会的进步。

六、重视高校学生文化素质教育

全面素质教育既是高等教育的重要组成部分，也是推动我国高等教育创新的关键环节。为了实现教育的全面优化和达成教育目标，需要在整个高校教育过程中重视全面素质教育的实施。高校学生的核心品格涵盖了知识水平、职业技能、精神与体魄，而知识水平则构成了这一品格的根基。文化代表着人类行为的实体与精神产出，它揭示了人类行为的实体性和实体性，也是人类思想存在的方式。一旦文化被创造，它就不再受时间、空间或个人的限制，可以广泛传播和使用。文化修养是人类在精神层面上积累的全部文化知识，它对于塑造个人的世界观和价值取向起着根本的影响，最后转变为行动的准则。

提升高校学生的素质教育，主要包括增强文化修养和培养创新思维、实践技巧。人文素养的培养是文化素质教育的关键，这主要依赖于对文学、历史、哲学、艺术等人文社会科学和自然科学的深度指导，以此来增强所有高校学生的文化素养、审美趣味、人文素养、科学素养。通过全面提升高校学生的人文素养，有助于他们更好地适应社会发展的需要。

（一）提高高校学生文化素质教育的目的和意义

人是发展的关键，拥有知识、文化和创造力的人是推动社会进步和变革的核心力量。因此，高等教育的主要任务是培养具备这些特质的人才，以推动社会的进步。高等教育能够为社会提供新的科学知识、新的生产力以及各类专业、各个层次的文化素质人才。这些人才在社会的各个领域发挥着直接或间接的影响，对全社会的可持续发展产生重要影响。为达到长期的繁荣，我国已对大量的高等教育领域做出了改革，这些领域涵盖学校的运营模式、财务结构、管理机构、教育培训、毕业与职位的选拔及考核系统等。在这其中，提升高校学生的文化修养教育显得尤为关键。应该关注这一问题，并采取有效措施，以促进高校学生文化素质教育的提升，为社会的发展和进步提供有力支持。

（二）观念变化对高校学生文化素质的影响

随着全球经济的日趋密切联系，经济的飞速增长与物质的丰富性对高校校园产生了影响。作为社会中最具敏锐度的人群，高校学生的价值理念正在持续发展，经过各种挑战，并且最后转向了实用主义的理念。为了培育具有健康价值观的高校学生，需要关注这些影响因素，并采取相应的教育和引导措施，以促进高校学生价值观的积极转变。

文化观念是一个人对文化的看法和态度。在当前这个急剧变革的时代，要树立正确的文化观，对待外来文化要既不盲目崇拜，也不盲目排斥。随着经济的快速发展，人们在物质需求得到一定满足的同时，精神需求方面的问题开始显现。如何对待传统文化成为一个尖锐的现实问题。我国传统文化具有深厚的道德底蕴，古代思想家的思想和理论中充满了道德观念。

深入研究我国传统文化，挖掘其精华，对于提高国人的自尊心、自信心，增强国家凝聚力和提供民族精神支柱等方面具有不可忽视的作用。高校管理者应该以历史和分析的态度对待传统文化，取其精华，去其糟粕，为提高高校学生的文化素质和培养具有全面发展的个体奠定基础；应在信息时代的高速发展下，广泛传播正确的价值观，引导高校学生对西方生活方式进行理性对待，防止盲目模仿。为了传承和发扬我国的传统文化，应勇于并善于借鉴和吸收其他文化的优秀成果，对待世界上的其他文化应持有开放和包容的态度。通过继承和发扬我国传统文化的精华以及吸收西方文化中的合理元素，可以树立起竞争观念、创新观念等一系列新的文化观念。同时，吸取西方文化的精华对于构建我国现代文化具有重大意义。我们应在尊重和保持民族文化特色的基础上，广泛吸取各种优点，为我国现代文化建设做出贡献，培养具有全面发展的个体，以适应全球化时代的挑战。

（三）提高高校学生文化素质的途径

在高校教育中融入文化素养，增强高校学生的综合能力。提高高校学生的文化修养，高校教育机构需要转变教育思维和教育观念，进一步推动教育教学创新，构建合理的课程体系，研发新颖的教学内容和教学方法。第一，教育思维和教育观念的转变至关重要。虽然我国高等教育体系延续了科学、严谨和系统化的优秀传统，但是仍有理论重视而实践不足，知识教授过于注重而忽略能力和素质的培养，特别是对学生创新能力的培养和个性发展的关注不够。因此，教育思维的转变和教育观念的更新应着重培养学生创新能力，挖掘学生潜力，让学生在教育过程中感受到创新的乐趣，积极向上，培养全面发展的个体；第二，构建科学的课程框架，创新教学内容和课程框架，充分发挥课堂教学的核心作用。对于文化素养的增进，我们无法只依靠个人的日常经历或感受，反而应该进行深思熟虑的规划与布局，并利用科学且全面的课程结构进行辅助；第三，高校教育机构应当优化教师团队，确保教师在科学和人文方面的素养得到全面提升。教师应秉持严于律己、以身作则、率先垂范的优良品质，主动遵循诚信、好学、勤奋的原则，积极实践良好的道德准则、价值观念和理论要求，真正发挥教育和引导广大高校学生的示范作用。培养出具备卓越文化修养的高校学生，不仅需要教授他们文化知识，而且需要教授他们获取知识的方式和技巧。在学习知识的过程中，注重创设实践环境，提高高校学生将技能运用能力。另外，高校学生教学管理工作开展进程中，全社会需要积极配合，媒体要充分发挥正面舆论导向作用，这样才能培养出全面发展的高校学生，为社会和人类做出贡献的创新型知识人才，从而持续推动教育创新，促进整个社会的可持续发展。

第四节　教育教学创新策略

一、树立终身教育的教学理念

近代以来，终身教育与终身学习的概念已经成为全球教育及思想界备受关注的研究领域之一。构筑终身教育架构，建立学习型社群的理念逐步成为世界各国考量教育改革与社会进步的核心策略。支持终身教育的人士主张教育应是全时间全空间的不间断过程，即"随时随地都存在的教育与学习"。而相较于传统教育将人生大致划分为学习、工作、退休三期的观念，终身教育更倡导教育能涵盖人生各阶段的成长，包含所有方面的学习活动，不仅纵向涵盖从婴儿期到应对死亡的各阶段的各种类型的教育，而且横向延展，从学校、家庭到社会的各个领域的教育。高校教育应肩负起发展终身教育的重任，依据社会的发展，职业的需求做好高等教育、岗位培训、知识更新教育和继续教育工作，尽可能满足社会和经济发展对于各种人才的要求。

二、拓展德育教学的教学模式

从职业发展的角度审视，高校在德育教学上的不足，将对职场个体的职业发展精神和职业道德品质的培养产生重大影响。然而，由于高校教育对象的独特性，德育教学面临严峻的挑战和复杂性。传统的德育教学方法难以达到预期效果，使得高校德育教学成为高校教育中的薄弱环节。因此，创新基于职业发展理论的高校教育模式，应着力于改进德育教学这个关键环节。通过运用更有效的教学策略和教学方法，解决高校德育教学所面临的困难，提升德育教学的质量和效果，培养具有良好职业发展精神和职业道德素养的毕业生。

（一）拓展德育教学的内容结构

现代道德教育以社会现代化和人的现代化为基础，以人的现代化为核心，推动社会现代化发展。职业道德是衡量个人道德品质的关键指标，在高等教育中占据核心地位。然而，在现实社会中，人们对国家政策法规的理解并不充分，甚至存在无知和漠视，导致行为失误。因此，在市场经济条件下，应强调法治意识，运用政策法规规范社会秩序和维护合法权益，这已成为高等教育道德教育的必修内容。高等教育道德教育不仅传授既有的道德知识和规范，而且引导学生运用科学先进的价值理念进行判断、选择和创造。

现代德育关注人的现代化，以推动社会现代化为目标。人的现代化包括人的思想观念、道德品质、行为方式、心理素质等方面的现代化。在现代社会，科技、经济、文化等各个领域都在快速发展，人们需要不断更新自己的知识和观念，提高自身的道德素养，以适应社会的发展。因此，现代德育内容应具有广泛性和现实性，关注人们在社会生活中的实际需求，培养具备现代化素质的人才。

职业道德在高等教育中占据核心地位，是衡量从业者道德水准的关键因素。职业道德涵盖了工作态度、职业操守、职业责任、职业信誉等方面，对于提高从业者的综合素质具有重要意义。在高等教育过程中，高校应注重培养学生的职业道德意识，使他们能够在未来的职业生涯中遵守职业道德规范，为社会的发展作出贡献。现代德育教学应强调法治意识，运用政策法规规范社会秩序和维护合法权益。在市场经济条件下，法治是维护社会公平正义的重要手段。高等教育德育教学应注重培养学生的法治意识，使他们了解并遵守国家政策法规，正确处理个人利益与社会利益的关系，为社会的和谐稳定做出贡献。

（二）拓展德育教学的教学形式

为了增强道德教育的效果，需要充分运用现有的教学资源和条件，采用已被证明有效的教学策略和方法，并进行深化和拓展。首先，要充分发挥课堂教学的作用，实现道德教育的教学目标。课堂教学作为学生学习的主要方式，在道德教育过程中，应根据高等教育的要求，对教学计划和教学内容进行特殊处理。教育内容应根据市场经济的现状，适时调整道德教育目标；其次，在教育过程中，要坚持先进性和普遍性相统一的原则，立足于市场经济的实际，将塑造健全的人格放在道德教育工作的首位；再次，注重激发学生主观能动性，强化课堂师生双向互动，营造轻松、活泼的道德教育氛围，确保对学生实施有效的道德教育。可以邀请知名专家举办专题报告，作为特殊课堂形式，加强对学生的世界观、人生观、价值观、职业道德、现代教育教学和传统文化教育；最后，可以利用函授和远程教育来发挥网络教学的优势，扩大道德教育的教学范围。解决高校教育的时间与地点的约束，融汇了传统的课堂教学与多媒体教学的长处，最大化地利用网络资源在教育过程中的影响力。利用网络进行教学，将专家和学者的精彩主题演讲和道德教育视频制作成教学指导光盘，并在教学指导网站和符合条件的教学地点播放。这样的富有活力、变通和方便的道德教育方法打破了高校教育的时间和地点的束缚，充分利用互联网的快速、有效、覆盖范围广和影响力深的特性，极尽可能地扩充了道德教育的范围，并且给所有的学生带来持续不断的道德教育和指导。这将有助于提升道德教育的质量和效果，更好地培养学生的道德素养和社会责任感。

（三）拓展德育教学的评价体系

鉴于高等教育的独特性，高校学生道德教育的评估与其他一般评估存在差异，具有其独有的特征。因此，所有包含在教学计划中的内容可以通过知识测试的方式进行评估；学生的思想观念则可以通过日常行为管理中的评价进行考核。对学生的行为进行评定，大部分取决于他们所在的职业机构提供的评估文件及追踪的问卷研究。对于表现不佳的学生，应进行批评教育。通过长期的探索和实践，制订一系列评价原则和标准，建立以职业发展为基础的高校教育道德教育全面评价体系。

（四）拓展德育教学的管理网络

高校道德教育是一个复杂的工程，它需要高校教育机构和学生家庭的积极参与，才能实现有效的组织和管理工作。学校应根据国家相关法律法规及高等教育的特性，制订道德教育计划，建立科学、规范且可行的评价考核体系及相应的考核措施。这些策略可能涵盖了班主任的配置、临时的班级党组织、团支部活动的规划等，目的是保证道德教育的实施和知识的评估。学生所在的社区和单位负责对他们的日常行为进行监督和审查，并承担起常规的思想政治教育任务。班主任需要详细地评估学生的日常活动和思维模式。只有当这三个步骤达到一致性的配合，才能建立起高校教育机构的道德教育组织管理网络，提高道德教育的质量和效果，更好地培养学生的道德素养和社会责任感。

三、确立多元化的教学模式

以职业发展理论为基础进行高校教学模式的创新，必须以满足学生的职业发展需求为切入点，设计多元化的教学途径，以此打造一种无视时间和空间约束的弹性学习方式。为了建立多元化的高校教育教学模式，需要体现高校独特性，并把高校学生的生活、需求和问题置于核心地位，强调能力培养和教学方式多种形式的融合运用。新的教育方式应该注重培养学生的思考和实践技能，而不仅仅是学习基础知识；强调创新解决问题的能力；注重培养学生在快速变化的职业生涯和多元价值观中应有的包容性和理解力。

在付诸实际行动的过程中，需要设定具有差异性的教学目标并针对以下几个方面进行深入思考：首先，多元化的教学策略的制订应着重提升学生技能。函授生与成人学生大多从生产、服务、管理等一线领域而来，他们的实践经验丰富，理论知识相对较弱。因此，他们需要在学习过程中加强专业知识，并将其与实践经验互补，提升他们运用专业知识的综合能力。对于全日制在校生而言，他们的学习目标是为了应对市场的新形势，通过学习获得更理想的工作机会。因此，高校的教学目标应以满足高级需求和能力培养为主；其次，需要提倡跨时间和空间的教学方法。学生学业与工作的冲突和文化背景的差异会增加提升教学效率和质量的难度。然而，基于互联网的教育手段有助于解决以上问题，既可以创建无时差、无地域限制的学习环境，也可以作为补充教学资源，帮助那些基础薄弱的学生提升能力。因此，"虚拟学习空间和学习社区"的功能必须包含在多样化的教学手段中；最后，在肯定多样化教学模式的同时，应改变教育观念，创新和改革教学方式，以适应高等教育的心理特点以及社会、技术和生活的发展需求。

四、引入校企合作的教学模式

学生在高校教育阶段，因其独特的身份地位，常常需要同时应对学业和职业的压力，往往难以理性地在这两个方面之间平衡时间和精力，产生了较为棘手的学工冲突。从职业发展理论的角度看，高校教学方式必须重视学生的职业发展需求，即重视专业理论知识和专业技能的学习。为了找到学业和职业之间的平衡，提升在职学生的实践操作能力，有必要采用校企联合的双轨教学模式，强化学生的职业发展基石。

（一）建立校企联动机制

信任与需求是合作的基础，而找寻共生的互助点则是其关键所在，否则其协同之力难以产生。对于学校、政府、企业而言，发展是大家关注的焦点。因此，校政企联动的逻辑起点应该是发展。产出人才是推动学校成长的关键，也是政府（社会）、企业前进所需，使得人才变成各方合作的中心。为了激发学校、政府、企业对于人才发展的共同认识，有必要构建有效的合作机制，包括管理法则和操作模型。有必要全力创建一个基于现代信息技术的在线互动平台，并且建立信息联络和发布机制，以确保外部宣传和信息交流的顺畅。

（二）规范校企管理模式

协作，无论是双边的还是多边的，都必须通过签订合同或协议，建立一种具有强烈约束力的教育关系，明确各方的责任和义务，以确保协作的效率和规范性。同时，还需要充分尊重教学规律、学生的特点以及政府和企业的实际需求，构建一个以主办学校为中心，政府和企业共同参与的教学管理框架，共同商议并决定重大问题，合理配置各个教学环节，以确保教学质量，实现规范性和灵活性的完美结合。在此过程中，将以主办学校为基础，与政府和企业紧密合作，共同建立一个高效、规范、灵活的教学管理体系。将尊重并分析学生的特点，遵守教学规律，同时充分考虑政府和企业的需求，通过签订合同或协议，明确各方的责任和义务，确保协作的顺利进行。

（三）合理设置培养目标与教学计划

培育全面素质人才，满足生产、开发、管理和服务等一线需求，是高等教育的最终目标。为实现此目标，关键是要构建以高级技术应用为主的教学方案，塑造科学、合理的课程框架，确立以实践应用为主导的教学重点以及紧密关联学生职业发展和职务的实践教学环节。所以，必须全面改革过分依赖传统高校教育方式的人才培养模式，建立一个将学科知识与技能训练相融合的课程架构。学生来自生产、管理和服务等一线岗位，有的甚至是管理和技术职位的骨干，他们对工作、技术和所需知识有深入的理解；他们所在的公司或部门也希望员工能通过学习取得进步、成果和应用。

因此，在教学计划的制订过程中，可以充分利用学生及其所在组织的特色和优势，鼓励他们和全社会积极参与教学计划的制订和课程设置，以实现教学计划和教学内容更具有实用性。事实证明，高等教育与企业的合作人才培养模式是一种对双方都有益的人才培养策略，也是推动高等教育持续发展的有效途径。随着科技、经济、社会的持续高速发展，这种合作模式在未来有着巨大的发展潜力。

在探索校企协作的具体实施策略时，需要深入研究一系列问题，包括共享模式和运行体系的建立、学历教育与技能训练的有机结合、学生评价和考核制度的完善等。为了实现这些目标，必须在实践中不断探索、追求创新，勇于打破传统的教育壁垒，让高等教育自然地融入社会，成为面向全社会的教育，并向社会各阶层、各类企业和单位提供更优质的教育服务。

参考文献

[1] 毛丹青. 终身教育视野下的现代成人教育管理创新研究教学方法及理论［M］. 北京：中国农业出版社，2023.

[2] 王慧芬. 高校学生心理健康教育管理与实践心理学［M］. 北京：中国商务出版社，2023.

[3] ［美］E. 马克. 汉森. 教育管理与组织行为（第五版）［M］. 上海教育出版社，2005.

[4] 范晔. 基于创新教育理念下的高校教育管理教学方法及理论［M］. 长春：吉林出版集团股份有限公司，2022.

[5] 张利海. 新形势下高职院校教育管理创新研究教学方法及理论［M］. 北京：中国商业出版社，2023.

[6] 熊庆年. 高等教育管理引论［M］. 上海：复旦大学出版社，2007.

[7] 王德清. 现代教育管理技术［M］. 重庆：重庆大学出版社，2004.

[8] 黄仁贤. 中国教育管理史［M］. 福州：福建人民出版社，2003.

[9] 刘苗，赵其勉. 大数据时代高校学生教育管理工作的创新研究［M］. 长春：吉林出版集团股份有限公司，2022.

[10] 徐芬芬. 基于大数据环境下高校教学管理信息化创新研究［J］. 科技风，2021（25）：83-85.

[11] 华芝誉. "互联网+"时代下高校教学秘书管理工作创新研究［J］. 大众标准化，2021（17）：175-177.

[12] 李丹. 新时代高等职业教育教学管理工作创新研究［J］. 淮南职业技术学院学报，2021，21（04）：103-104.

[13] 赵宇艳. 大数据时代下高校教学管理信息化的改革创新研究［J］. 财富时代，2021（05）：241-242.

［14］王淑卉，李林琛．高校教学管理模式创新研究［J］．黑龙江科学，2020，11（19）：110-111．

［15］姜宏，高丽萍．高校思想政治教学管理工作改革创新探索［J］．文化创新比较研究，2020，4（26）：38-40．

［16］耿剑峰．创新教育理念下的体育课程建设与教学管理研究［M］．北京：新华出版社，2020，07．205．

［17］刘香萍，王义宁，柴维斯等．民办本科院校教育模式的探索与实践［M］．南京：南京大学出版社，2020，03．280．

［18］赵晨．新媒体时代下高校教学管理工作创新探讨［J］．教育教学论坛，2020（02）：11-12．

［19］朱楠．新媒体时代高校二级学院教学管理工作的创新［J］．中外企业家，2019（30）：132-133．

［20］赵仰华．创新教育环境下基础课学院教学管理改革模式研究［J］．文化创新比较研究，2019，3（19）：115-116．

［21］焉炳飞，李文佐．新时代背景下的高校教学秘书管理创新研究［J］．产业与科技论坛，2019，18（06）：239-241．

［22］邹一琴，郑仲桥，鲍静益．应用型本科人才弹性力培养［M］．南京：南京东南大学出版社，2018，10．169．

［23］张嘉琦．高校教学管理创新问题探究［J］．江西电力职业技术学院学报，2018，31（08）：96-97．

［24］刘华忠，何文轩．高校教学管理创新的必要性与策略研究［J］．教育现代化，2018，5（26）：211-212．．

［25］计雅慧．信息化背景下高校学籍管理创新研究［J］．科学咨询（科技·管理），2018（06）：45．

［26］耿雪莲．"互联网+"背景下高校教学管理工作创新研究［J］．四川省干部函授学院学报，2017（04）：79-81．